KB274094

몽골어 기초 어휘

저자: OTGONTSETSEG DAMDINSUREN

1945

문예림

저 자 OTGONTSETSEG DAMDINSUREN

- 1995 ~ 1999   몽골국립대학교 국제관계대학에서 한국어학 학사
- 1999 ~ 2001   몽골국립인문대학교 외국어대학 한국어교육학 석사
- 2003 ~ 2008   서울대학교 대학원 한국어교육학 박사

- 2007 ~ 2008   서울대학교 중앙다문화교육센터 객원연구원
-         ~ 2008   몽골인문대학교 아시아 언어문화학부 한국학과 교수
- 2009 ~   한국외국어대학교 몽골어과 부교수
- 2010.08 ~   현재 한국외국어대학교 몽골어과 학과장

몽골어 기초어휘

초판 인쇄 : 2013년 5월 20일
초판 발행 : 2013년 5월 30일

저   자 : OTGONTSETSEG DAMDINSUREN
펴낸이 : 서 덕 일
펴낸곳 : 도서출판 **문예림**
등   록 : 1962. 7. 12 제2-110호

주소 : 서울특별시 광진구 군자동 1-13 문예하우스 101호
전화 : (02)499-1281~2,
팩스 : (02)499-1283
http://www.bookmoon.co.kr
E-mail : book1281@hanmail.net

ISBN 978-89-7482-734-2(13790)

머 리 말

　이 책은 몽골어 학습자들이 주제별로 몽골어의 기초적인 낱말과 표현을 익히고, 이를 바탕으로 일상생활의 기본적인 표현들을 배울 수 있도록 작성된 책입니다.

　이 책에는 인사와 소개부터 감정표현, 성격과 신체묘사, 스포츠와 취미활동 등과 같은 일상생활의 기본적인 의사소통 영역에서 사용되는 낱말들은 물론, 몽골을 여행할 때 필요한 호텔 및 레스토랑, 교통수단 등의 주제도 포함되어 있습니다. 아울러 몽골어권의 사회 문화를 엿볼 수 있는 영역의 주제들인 우체국, 기차역, 거주지, 집안용품, 몽골의 교육체제, 몽골어권 음식 등의 내용도 다뤘습니다.

　각 장은 그림과 함께 제시되는 기본 낱말들과 추가적인 낱말들, 그리고 유용한 기본 표현들을 담고 있으며, 학습한 내용을 점검할 수 있도록 연습문제도 제시하였습니다. 이를 통해서 여러분은 자신의 학습 정도를 스스로 확인하고, 중요한 내용을 한 번 더 정리할 수 있는 기회를 얻을 수 있을 것입니다.

　이 책을 통해서 비록 몽골어를 완벽하게 익힐 수는 없을지라도, 낱말들이 그림과 함께 주제별로 제시되어 있어 짧은 많은 몽골어 기초 어휘를 쉽게 개관할 수 있을 것입니다. 또한 주제별 낱말과 함께 제시된 유익하고 실용적인 기본 표현들은 실제 몽골어 사용 능력을 배양하는 데에도 좋은 기초가 될 것입니다. 아무쪼록 이 책이 몽골어 공부를 시작하는 사람들에게 좋은 길잡이가 되기를 바랍니다.

2013년 봄날에

저 자

차 례 Гарчиг

인 사 (Мэндчилгээ)

Сайн уу? Сонин юу байна вэ? (안녕? 잘 지내고 있어?)
– Юмгүй дээ, чамаар юу байна вэ? (잘 지내, 너는?)
Сонин юу байна? (어떻게 지내니?)

Сайн байна уу? Сонин сайхан юу байна вэ? (안녕하세요? 잘 지내요?)
– Сайн сайн, юмгүй дээ. Та сайн уу?
(아주 잘 지내요. 고마워요 당신은?)

Баяртай. Маргааш уулзъя!
(안녕, 내일 봐요!)
– Баяртай!
(안녕!)

가족이나 친구 또는 서로 잘 아는 사이에는 친칭인 **чи**(1격, 너는), **чамд**(3격, 너에게), **чамайг**(4격, 너를)를 사용함

Өдрийн мэнд, ноён Баяр. Танаар сонин сайхан юу байна даа?
(안녕하세요, 바이르 씨. 어떻게 지내세요?)

- Надаар онцын сонин юмгүй дээ. Танаар сонин юу байна вэ?
  (감사합니다, 잘 지내요. 당신은요?)

■ 격식을 갖춰야 하는 사이에는 격식칭인 Ta(1격, 당신은), Танд(3격, 당신에게), Таныг(4격, 당신을)를 사용함.

Сайн уу? Та нараар сонин юу байна даа? (안녕? 너희들 어떻게 지내니?)

Сайн байна уу? Танайхнаар сонин юу байна даа?
(안녕하세요. 어떻게들 지내십니까?)

■ 2인칭 복수 친칭 1격(주격)은 та нар, 3격(목적격)은 та нарт이며, 2인칭 복수 격식칭 1격(주격)은 Ta, 3격(목적격)은 Танд을 사용함.

(1) 친한 사이 (치칭 чи)

- Сайн уу, Баяр. Чамаар сонин сайхан юу байна даа?
  (안녕, 바야르? 어떻게 지내?)
    – Юмгүй дээ. Чамаар юу байна вэ? (잘 지내. 너는?)

- Өдрийн мэнд! Чамаар сонин сайхан юу байна даа?
  (안녕! 어떻게 지내?)
    – Юмгүй дээ. Сайн. (별일 없어. 잘 지내.)

(2) 처음 보는 사람이나 격식을 차려야하는 사이

- Өглөөний мэнд, ноён / хатагтай/, профессор!
  〈이름〉 : 안녕하세요. 〈이름〉 씨/교수님 (아침 인사)

- Өдрийн мэнд, ноён! 〈이름〉 : 〈이름〉 씨, 안녕하세요. (낮 인사)

- Оройн мэнд, хатагтай 〈이름〉 : 〈이름〉 씨, 안녕하세요. (저녁 인사)

- Танаар сонин сайхан юу байна вэ? (어떻게 지내세요?)
    – Юмгүй дээ. Танаар сонин юу байна вэ? (잘 지내요. 당신은요?)
    – Би сайн, баярлалаа. (매우 잘 지내요. 고맙습니다.)

- Дараа уулзатлаа баяртай! (다음에 볼 때까지 안녕!)

- Удахгүй дахиад уулзъя! (곧 또 만나요.)

- Дараа дахиад уулзъя! (나중에 또 봐요.)

- Өдрийг сайхан өнгөрүүлээрэй! (좋은 하루되세요.)

- Сайхан амраарай! (잘 자!/안녕히 주무세요.)

- Маргааш болтол баяртай. / Даваа гараг хүртэл баяртай. / Бямба гараг
  хүртэл баяртай. / Дараа долоо хоног хүртэл баяртай.
  (내일 보자 / 월요일에 보자/ 토요일에 보자/ 다음 주에 보자)

- Дараа дахин уулзтал сайн сууж байгаарай!
  (다음에 만날 때까지 잘 지내!)

**Сайхан аялаарай!/
Аян замдаа сайн яваарай!**
(여행 잘 하시기 바랍니다!)

Бурхан өршөө!
(재채기하는 사람에게 해주는 말)

**Тавтай зооглоорой! /
Сайхан хооллоорой!**
(맛있게 드세요.)

Зул сарын мэнд хүргэе!
(즐거운 성탄절을 보내시기
바랍니다!)

**Сайн сураарай! /
Хичээлээ сайн хийгээрэй!**
(공부 열심히 해라!)

**Таны эрүүл мэндийн төлөө! /
Таны сайн сайхны төлөө!**
(당신의 건강을 위하여!)
Тулгая! / Төлөө! (건배)

- Аз хийморь хүсье! (행운이 함께하길!)
- Амжилт хүсье! (성공을 빈다!)
- Цагийг сайхан өнгөрүүлээрэй. / Зугаатай байгаарай!
  (즐거운 시간 보내라!)
- Сайн яваарай! ((차로 이동하는 사람에게) 잘 가요!)
- Амралтын өдрөө сайхан өнгөрүүлээрэй. / Хагас бүтэн сайн өдрийг
  сайхан өнгөрүүлээрэй. (주말 잘 보내세요!)
- Амралтаа сайхан өнгөрүүлээрэй! (방학 잘 보내세요.)
- Чин сэтгэлээсээ баяр хүргэе! (진심으로 축하해요!)
- Төрсөн өдрийн баярын мэнд хүргэе! (신심으로 생일 축하해요!)
- Улаан өндөгний баярын мэнд хүргэе! (부활절 잘 보내세요.)
- Шинэ онд сайн сайхныг хүсье! (좋은 새해를 맞이하시길!)
- Шинэ оноо сайхан угтаарай! (즐거운 새해 맞이하세요!)
- Шинэ ондоо аз жаргалаар дүүрэн байхыг хүсье!
  (행복한 한 해가 되길 바랍니다.)
- Түргэн эдгээрэй! (건강 회복하세요!)
- Хурдан эдгээрэй гэж хүсье! (빠른 쾌유 바랍니다!)

기원을 하는 말은 танд хүсье을 생략하고 짤막하게 말하는 경우가 많으나, 정중하게
말하는 경우나 글로 표현할 때는 완전한 문장을 사용하는 경우도 많음.

- Уучлаарай! (죄송합니다!/실례합니다!)
- Өршөөгөөрэй! (실례합니다./죄송합니다.)
- Төвөг удсанд/ саад болсонд өршөөгөөрэй! (방해해서 죄송합니다.)
- Хоцорсонд уучлаарай. (늦어서 죄송합니다.)
- Уучлаарай. / Өршөөгөөрэй. (실례합니다./죄송합니다.)
- Танд төвөг удчихав уу даа. (폐를 많이 끼쳐 드리지 않았는지 모르겠습니다.)

Уучлалт은 동사 уучлах/ өршөөх(용서하다)에서 파생한 명사임. өршөөх(용서하
다) → өршөөл(용서)
саад болох/ төвөг удах(방해하다) → төвөг, саад(방해)
хоцрох (늦다)

Ⅰ. 다음 우리말을 몽골어로 표현해 보세요.

(1) 안녕하세요. 어떻게 지내십니까?

____

(2) 감사합니다. 잘 지내고 있습니다.

____

(3) 안녕히 주무세요.

____

(4) 주말 잘 보내세요.

____

(5) 생일을 축하합니다.

____

(6) 조심해서 가세요.

____

Ⅱ. 알맞은 말로 답해 보세요.

(1) Танаар сонин сайхан юу байна даа?

____

(2) Чамаар сонин сайхан юу байна даа?

____

(3) Дараа уулзатлаа баяртай!

____

(4) Маргааш болтол баяртай! - Маргааш уулзья, баяртай.

____

(5) Бурхан өршөө!

____

Би та бүхэнд Оюуныг танилцуулмаар байна.
(어용 씨를 소개해 드리고 싶습니다.)
Тэр монгол эмэгтэй. (그는 몽골 여성입니다.)

Оюун, энэ бол Мира. (어용, 여기는 미라야.)
Болор, энэ бол Хашаа. (벌러르, 여기는 하샤.)

Өдрийн мэнд, ноёд хатагтай нар аа. Би та бүхэнд өөрийгөө танилцуулах гэсэн юм.
(안녕하세요! 신사숙녀 여러분. 제 소개를 하겠습니다.)
Миний нэрийг Кан Мира гэдэг. (제 이름은 강미라입니다.)
Би солонгос хүн. (저는 한국 사람입니다.)

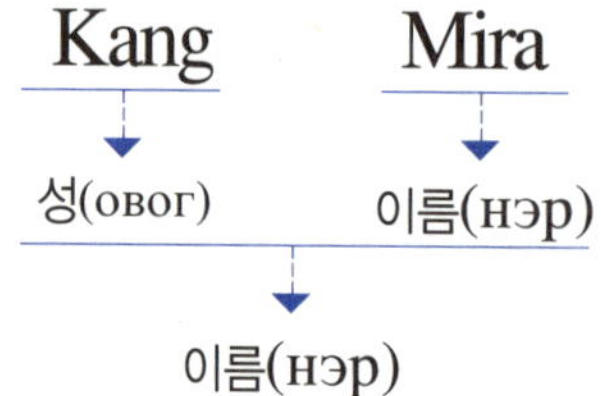

- Танд ноён Баярыг танилцуулахыг зөвшөөрнө үү?
  (바야르 씨를 소개해 드리겠습니다.)

  – Өдрийн мэнд, ноён Баяр! Тантай танилцахад таатай байна.
  (안녕하세요! 바야르 씨. 만나서 반갑습니다.)

  – Надад ч мөн адил таатай байна. (저야 말로 반갑습니다.)

  Таптай танилцахад таатай байна. (만나서 반갑습니다.)

사람을 소개 받았을 때 할 수 있는 간단한 표현

Танилцахад таатай байна. (반갑습니다)

Таатай байна. (반갑습니다)

- Энэ бол миний эхнэр.
  (이 사람이 내 아내야.)
- Мира, энэ бол миний нөхөр Хашаа.
  (미라야, 이 사람이 내 남편 하샤.)
- Чи манай үеэл Пүрэвийг таних уу?
  (내 사촌 푸렙을 알아?)

  – Үгүй. Сайн уу. Пүрэв ээ? (아니. 안녕, 푸렙?)
- Миний эгч Хандаатай танилц.
  (내 누나 한다를 소개할게.)

  – Сайн уу, Хандаа? Чамтай танилцахад таатай байна.
  (안녕, 한다? 알게 되어서 반가워.)

- Өөрийгөө танилцуулъя.
  (제 소개를 하겠습니다.)
- Миний нэр Хашаа. / Намайг Хашаа гэдэг.
  (제 이름은 하샤입니다.)
- Би монгол хүн, би багш.
  (저는 몽골 사람이고, 교사입니다.)

I. 소개하는 대화의 빈칸을 채워 보세요.

A : Тэр хүүг таних уу? (그 애를 알아?)

B : Тийм ээ, Мөнхөө байна. (응, 뭉허야.)

　　Мөнхөөг танилцуулья. Дажгүй хүү шүү.

　　(뭉허를 소개해 줄게. 괜찮은 애야.)

B : Мөнхөө, энэ миний найз Мира. (뭉허, 여기는 내 친구 미라야.)

A : Танилцсандаа таатай байна? (반가워.)

C : Надад ч бас ___________________. (나야 말로 반가워.)

II. 다음 우리말을 몽골어로 표현해 보세요.

(1) 이 사람은 내 친구 하샤다.

　　____

(2) 만나서 반갑습니다.

　　____

(3) 저도 반갑습니다.

　　____

(4) 제 소개를 하겠습니다.

　　____

(5) 저는 한국에서 왔고, 몽골어를 공부합니다.

　　____

이름과 주소 묻고 답하기
(Нэр, хаяг асуух ба хариулах)

Таны нэрийг хэн гэдэг вэ? / Таныг хэн гэдэг вэ?
(이름이 어떻게 되세요?)
Намайг Харнуудын Хашаа гэдэг. (제 이름은 하르노딩 하샤입니다.)
Харнууд гэж миний овог. (하르노드는 성입니다.)
Таны овгийг яаж бичдэг вэ? (당신 성의 철자를 어떻게 씁니까?)
Харнууд, Х-а-р-н-у-у-д. (하르노드, 헤-아-에르-엔-오-오-데)
Таны хаяг? (당신의 주소는요?)

어떻게 яаж	철자 쓰다 бичих, үсэглэх
이름 нэр	성(姓) овог
주소 хаяг	나의 / 당신의 миний- / таны-
내 이름이 ~이다 Намайг ~гэдэг, Миний нэр ~	

- Чамайг хэн гэдэг вэ? (너 이름이 뭐야?)
- Намайг Болор гэдэг. Чамайг? (나는 벌러르야. 너는?)
- Намайг Мандах гэдэг. (나는 만드흐야.)
- Чи хаана амьдардаг вэ? (너는 어디 사니?)
- Би хотын захиргааны ойролцоо амьдардаг.
  (나는 시청 근처에 살아.)

봉투 захидал

발신인 илгээгч

우표 марк

발신인 주소
илгээгчийн хаяг

거리 이름
гудамжны нэр

수신인 хүлээн авагч

번지수
гэрийн
хаалганы
дугаар

수신인 주소

хүлээн авагчийн хаяг

몽골어에서는 국가명과 도시명을 먼저 쓰고, 그 다음에 관할구와 동, 번지수를 쓰고, 우편번호를 쓴다.

~라고 하다 хэн гэх, гэдэг	나는 (이름이) ~라고 하다 Намайг ~ гэдэг
살다 амьдрах	어디 хаана
그/그녀는 (이름이) ~라고 한다 Түүнийг ~ гэдэг	
가까이 ын + ойролцоо 명사/2격명사 (↔ –аас зайдуу … …에서 멀리 떨어져)	

 **이름 묻고 답하기**

- Таны нэрийг хэн гэдэг вэ? (이름이 뭐예요?)
  - Намайг Ким Донсү гэдэг. / Миний нэрийг Ким Донсү гэдэг.
    (제 이름은 김동수입니다.)
- Ким гэж таны овог уу? (김이 성인가요?)
  - Тийм ээ, Ким гэж миний овог (예, 김이 제 성입니다.)
  - Таны нэрийг яаж бичдэг вэ? (당신 이름은 어떻게 씁니까?)
  - Донсү, Д-о-н-с-ү. (동수, 데-오-엔-에스-우.)

- Намайг Юүми гэдэг, Таныг хэн гэдэг вэ?
  (제 이름은 유미입니다. 당신 이름은요?)
  - Намайг Хоролжавын Алдармаа гэдэг.
    (저는 허럴쟈브 알다르마라고 합니다.)
- Алдармаа гэж чиний өөрийн нэр үү?
  (알드라마가 너의 이름이니?)
- Тийм ээ, Алдармаа гэж миний нэр.
  (예, 알드라마가 제 이름입니다.)

- Тэр эрэгтэй хүнийг хэн гэдэг вэ? (저 남자 이름이 뭐지?)
  - Түүний овог 'Харнууд' нэрийг нь 'Хашаа' гэдэг.
    (그는 이름이 '하샤' 고, 성은 '하르노드' 이다.)

 **거주지 묻고 답하기**

- Та хаана амьдардаг вэ? (어디 사세요?)
- Би Улаанбаатарт амьдардаг. (나는 울란바타르에 삽니다.)
- Чи хаана амьдардаг вэ? (어디 사니?)
- Би Жамшилд амьдардаг. (잠실에 살아.)

>  – д,т амьдардаг.: ∼에 살다.

- Амьдардаг газар чинь эндээс хол уу?/ Гэр чинь эндээс хол уу?
  (여기에서 먼 곳에 사십니까?)
  - Үгүй ээ, би ойрхон амьдардаг. Арван минут алхаж очдог.
    (아니요. 근처에 살아요. 걸어서 10분 거리입니다.)

– Би Дарханд амьдардаг. Та? (저는 다르항에 삽니다. 당신은요?)

– Би өмнөд Солонгосын Сөүл хотод амьдардаг. Би одоо Тэрэлжид амарч явна.

(전 한국의 서울에 살아요. 지금은 테렐지에서 휴가를 보내고 있습니다.)

• Таны хаяг юу вэ? (주소가 어떻게 되시죠?)

– Ринченгийн гудамжны 23. (링칭 거리 23번지요.)

Ⅰ. 대화를 완성해 보세요.

(1) Таныг хэн ______________ вэ? (당신의 이름은요?)

Намайг Палма ______________.

(제 이름은 팔마입니다.)

(2) Чи хаана ______________ вэ? (넌 어디서 사니?)

Нарийн боовны газрын ойролцоо.

(난 빵집 가까이 살아.)

(3) Хаяг чинь ______________ вэ? (네 집 주소는 어떻게 되니?)

Хаяг Амарсанаагийн гудамжны 35.

(아마르사나 거리 35번지야.)

(4) Чиний нэр ______________ бэ? (네 이름은 뭐지?)

______________ нэр Пак Минхо. Пак бол миний овог.

(내 이름은 박민호이고, 성은 박이야)

몽골어에서는 성을 먼저 쓰고 그 다음에 부친명을 쓰고 이름을 뒤에 쓴다. 이름은 대체적으로 기존의 이름 중에서 골라서 사용하는 경향이 강하다. 몽골어의 성은 직업명칭, 부모의 이름, 사람의 특성, 출신지 등과 같은 것에서 연유한다.

성(ургийн овог) Хошууд　부친명(эцгийн нэр) Дамдинсүрэн
이름(нэр) Отгонцэцэг

직업 명칭에서 유래한 성

Да Зурхайч ← 점술가	Урчууд ← 대장장이
Оёдолчин ← 재단사	Тэрэгчин ← 마차 등을 잘 만드는 사람
Мэргэн ← (활을 잘 명중시키는) 명궁	Нэхмэлчин ← 직조공
Талхчин ← 제빵사	Хоньчин ← 양치기
Адуучин ← 마부	Гөрөөчин ← 사냥으로 먹고 사는 사람

특성에서 유래한 성

Хүрэн адуут ← 갈색 말	Өндрийнхөн ← (키가) 큰
Боролдой ← 갈색인	Харнууд ← (хар)검은
Зоригт ван ← 용감한 사람	Эрэлхэг ← 경건한 사람
Заанууд ← 힘이 세고 튼튼한 사람	Шурдаан ← 행동이 빠릿빠릿한 사람

출신지에서 유래한 성

Хайрхан ← 산(신성한 산)
Захчин ← (몽골서부 지역 끝에 있는 부족 이름)

몽골에서 제일 많이 있는 이름

Монголд хамгийн их байдаг нэрс		Оюунчимэг
Алтанцэцэг	Энхтуяа	Батбаяр
Эрдэнэчимэг	Болормаа	Ганболд
Отгонбаяр	Бат-Эрдэнэ	Наранцэцэг
Лхагвасүрэн	Оюунцэцэг	Ганбаатар
Баярсайхан	Нарантуяа	Ганзориг
Батжаргал	Нэргүй	Энхжаргал
Батсайхан		

	Эмэгтэй хүний нэр	Эрэгтэй хүний нэр
1.	Оюунчимэг	Батбаяр
2.	Алтанцэцэг	Ганболд
3.	Энхтуяа	Бат-Эрдэнэ
4.	Эрдэнэчимэг	Ганбаатар
5.	Болормаа	Баярсайхан
6.	Наранцэцэг	Ганзориг
7.	Оюунцэцэг	Батжаргал
8.	Нарантуяа	Батсайхан
9.	Энхжаргал	Отгонбаяр
10.	Лхагвасүрэн	Нэргүй

- Баяр бол монгол хүн. (바야르는 몽골 사람입니다.)
- Би түүнтэй захидлаар харилцаж танилцсан.
  (저는 펜팔로 그를 알게 되었습니다.)
- Тэр эцэг эхтэйгээ /АНУ-д/Америкийн Нэгдсэн Улсад амьдардаг.
  (그는 부모님과 미국에서 살고 있어요.)
- Тэр монгол, англиар ярьж чадна. (그는 몽골어와 영어로 말합니다.)

(Монгол) – оор[4] ярьдаг: (몽골)어로 말할 줄 안다.

- Энэ бол Палма. Монгол хүн.
  (이 사람은 팔마라고 합니다. 그는 몽골 사람입니다.)
- Тэр Булганд амьдардаг. (그는 볼강에 살고 있습니다.)
- Тэр монголоор ярьдаг. (그는 몽골어로 말합니다.)

- Аня бол австри хүн. (안야는 오스트리아 사람입니다.)

- Тэр Вьенд амьдардаг. (그는 빈에 삽니다.)
- Тэр англиар ярьдаг. (그는 영어로 말합니다.)

- Ноён, хатагтай Лимбах бол швейцарь хүмүүс.
  (림바흐 부부는 스위스 사람입니다.)
- Тэд Бернд амьдардаг. (그들은 베른에 삽니다.)
- Тэд монгол, францаар ярьдаг.
  (그들은 몽골어와 프랑스어로 말합니다.)

- Юүна бол солонгос эмэгтэй. (유나는 한국 여성입니다.)
- Тэр өмнөд Солонгост амьдардаг.
  (그는 대한민국에 살고 있습니다.)
- Тэр солонгос, монголоор ярьдаг.
  (그는 한국어와 몽골어로 말합니다.)

펜팔 захидлаар харилцах / найзлах		말하다 ярих
몽골어 монгол хэл	영어 англи хэл	프랑스어 франц хэл
한국어 солонгос хэл	부모 эцэг эх	알다 танилцах
미국 Америкийн Нэгдсэн Улс		

국가 (Улс)	국적 (иргэн)	언어 (хэл)
Араб 아라비아	араб хүн	араб хэл
Аргентин 아르헨티나	аргентин хүн	испани
Австрали 호주	австрали хүн	англи
Бразил 브라질	бразил хүн	португаль хэл
Чили 칠레	чили хүн	испани хэл
Хятад 중국	хятад хүн	хятад хэл
Монгол 몽골	монгол хүн	монгол хэл
Англи 영국	англи хүн	англи хэл
Франц 프랑스	франц хүн	франц хэл
Грек 그리스	грек хүн	грек хэл
Их Британи 대영제국	их британи хүн	(Их Британийн) англи хэл

국가 (Улс)	국적 (иргэн)	언어 (хэл)
Голланд 네덜란드	голланд хүн	голланд хэл(датч хэл)
Энэтхэг 인도	энэтхэг хүн	хинди, англи хэл
Ирланд 아일랜드	ирланд хүн	галл, ирланд хэл
Израйль 이스라엘	израйль хүн	еврей хэл
Итали 이탈리아	итали хүн	итали хэл
Япон 일본	япон хүн	япон хэл
Канад 캐나다	канад хүн	англи, франц хэл
Колумби 콜롬비아	колумби хүн	испани хэл
Льюксембург 룩셈부르크	льюксембург хүн	льюксембургийн герман хэл, франц хэл
Марокко 모로코	марокко хүн	араб хэл
Мексик 멕시코	мексик хүн	испани хэл
Недерланд 네덜란드	недерланд хүн	недерланд хэл
Норвеги 노르웨이	норвеги хүн	норвеги хэл
Австри 오스트리아	австри хүн	англи хэл
Перу 페루	перу хүн	испани хэл
Польш 폴란드	польш хүн	польш хэл
Португаль 포르투갈	португаль хүн	португаль хэл
Орос 러시아	орос хүн	орос хэл
Щвед 스웨덴	щвед хүн	щвед хэл
Щвейцарь 스위스	щвейцарь хүн	франц, итали хэл
Испани 스페인	испани хүн	испани хэл
Чех 체코	чех хүн	чех хэл
Турк 터키	турк хүн	турк
АНУ 미국	америк хүн	(Америкийн) англи хэл

 **~에서 살다 (-д,т амьдрах) ~에 있다 (-д,т байх) ~에 간다 (-руу, рүү)**

1인칭 단수	би		2인칭 단수	чи
3인칭 단수	тэр		1인칭 복수	бид
2인칭 복수 ihr	та нар		3인칭 복수 sie	тэд нар
격식칭 단·복수 та				

		여성 국가	남성 국가	복수 국가
Би (амьдардаг)	Солонгост	Щвейцарьт	Иракт	АНУ-д
Би (байна)	Солонгост	Туркт	Иранд	Недерландад
Би (явна)	Солонгос руу	Щвейцарь луу	Ирак руу	АНУ руу

- Тэр Монголд байгаа. (그는 몽골에 있다.)
- Би Солонгост/ Японд амьдардаг. (나는 한국에/일본에 산다.)
- Чи Иранд/ Иракт амьдардаг. (너는 이란에/이라크에 산다.)
- Тэр АНУ-д/ Недерландад амьдардаг.
  (그녀는 미국에/네덜란드에 산다.)
- Тэд Туркт/ Щвейцарьт амьдардаг. (그들은 터키에/스위스에 산다.)
- Тэр Австри луу явна. (그녀는 오스트리아로 간다.)
- Бид Щвейцарьт/ Туркт очно. (우리는 스위스로/터키로 간다.)
- Та нар Ирак руу/ Иран руу явна. (너희들은 이라크/이란으로 간다.)
- Би Филиппинд амьдардаг. (나는 필리핀에 산다.)
- Тэр Филиппин рүү ниснэ. (그는 비행기로 필리핀으로 간다.)
- Тэр Филиппинээс ирсэн. (그녀는 필리핀에서 왔다.)

 **대륙 (Тивүүд)**

• дэлхий	세계	• Европ	유럽
• Хойд Америк	북아메리카	• Африк	아프리카
• Төв Америк	중앙아메리카	• Ази	아시아
• Өмнөд Америк	남아메리카	• Австрали	오스트레일리아

- Та хаанаас ирсэн бэ? (어디에서 오셨습니까?)
  – Би Солонгосоос ирсэн. (한국에서 왔습니다.)
- Та аль улсын иргэн бэ? (국적은 어디십니까?)
  – Би Солонгос улсын иргэн. (한국 국적을 가지고 있습니다.)
  – Би солонгос хүн. (한국 사람입니다.)

- Тэр монгол хүн. (그는 몽골 사람입니다.)
- Тэр щвейцарь хүн. (그녀는 스위스 사람입니다.)
- Тэд австричууд. (그들은 오스트리아 사람들입니다.)

Харилцан яриа

(Анар монгол эрэгтэй хүн, Тошико япон эмэгтэй хүн. Тэд Солонгост амьдардаг. Мира Анарт Тошиког танилцуулна. 아나르는 몽골 남자이고, 도시코는 일본 여자이다. 그들은 한국에 산다. 미라가 아나르에게 도시코를 소개한다.)

Мира : Анар! Энэ бол Тошико. Тэр япон хүн.
(아나르! 이쪽은 도시코야. 일본사람이지.)

Анар : Сайн уу, Тошико? Танилцахад таатай байна. Би монгол хүн.
(안녕, 도시코. 반가워. 난 몽골사람이야.)

Тошико : Танилцахад таатай байна, Анар. Би монголоор ч, солонгосоор ч сайн ярьдаггүй.
(반가워, 아나르. 난 몽골어도 잘 못하고 한국어도 잘 못해)

Анар : Зүгээр дээ. Би солонгосоор нэг ч үг мэдэхгүй.
(오. 괜찮아. 난 한국어를 전혀 못하는데.)
Чи монгол хэл сурмаар байвал би тусалъя.
(네가 몽골어를 공부하고 싶다면, 내가 도와줄게.)

- аар ч, -аар ч үгүй ~ : ~도 아니고 ~도 아니다
- ч биш, ч бас биш. (аль алиныг нь мэдэхгүй/чадахгүй)

- Та япон хүн үү? (일본 사람이세요?)
  - Үгүй. Би солонгос гаралтай америк хүн.
  (아니요. 전 한국계 미국인입니다.)
- Би монгол хүн. (전 몽골 사람입니다.)
- Та монголоор маш сайн ярьж байна. (몽골어를 아주 잘하시는군요.)
  - Би монгол хэлний багш. (저는 몽골어 선생입니다.)
- Аан, тийм байх нь! (아 그렇군요.)

Дасгал ажил

I. 울란바타르에 사는 한국인 강미라가 비자를 신청하는 상황입니다. 대화를 완성시켜 봅시다.

Албан хаагч : (1) _______________________________

(이름이 어떻게 되세요?)

Мира : Намайг Кан Мира гэдэг.

(제 이름은 강미라입니다.)

Албан хаагч : Та хаанаас ирсэн бэ? Та аль улсын иргэн бэ?

(당신은 어디서 오셨어요? 당신의 국적은 어떻게 되세요?)

Мира : (2) _______________________________

(저는 한국국적입니다.)

Албан хаагч : Та ямар мэргэжилтэй вэ?

(어떤 일에 종사하세요?)

A-Ра   : Би оюутан.
              (전 학생입니다.)
Албан хаагч : (3) _______________________________
              (어디 사세요?)
Мира   : Би Энх тайвны өргөн чөлөөний 17-д суудаг.
              (전 평화의 거리 17번지에 삽니다.)

Ⅱ. 다음 중 알맞은 것을 하나 골라 보세요.

(1) Европт байдаг.

  ① Португаль   ② Египт   ③ Аргентин

(2) Африкт байдаг.

  ① Гаити   ② Марокко   ③ Афганистан

(3) Хойд Америкт байдаг.

  ① Перу   ② Никарагуа   ③ Мексик

(4) өмнөд Америкт байдаг.

  ① Мексик   ② Канад   ③ Бразил

(5) өмнөд Азид байдаг.

  ① Энэтхэг   ② Япон   ③ Вьетнам

Ⅲ. 다음 말을 몽골어로 표현해 보세요.

(1) 저는 한국 사람입니다.

  ____

(2) 저는 한국에서 삽니다.

  ____

(3) 저는 몽골어를 말합니다.

  ____

(4) 그녀는 한국계 미국인입니다.

  ____

(5) 그녀는 몽골어 선생입니다.

  ____

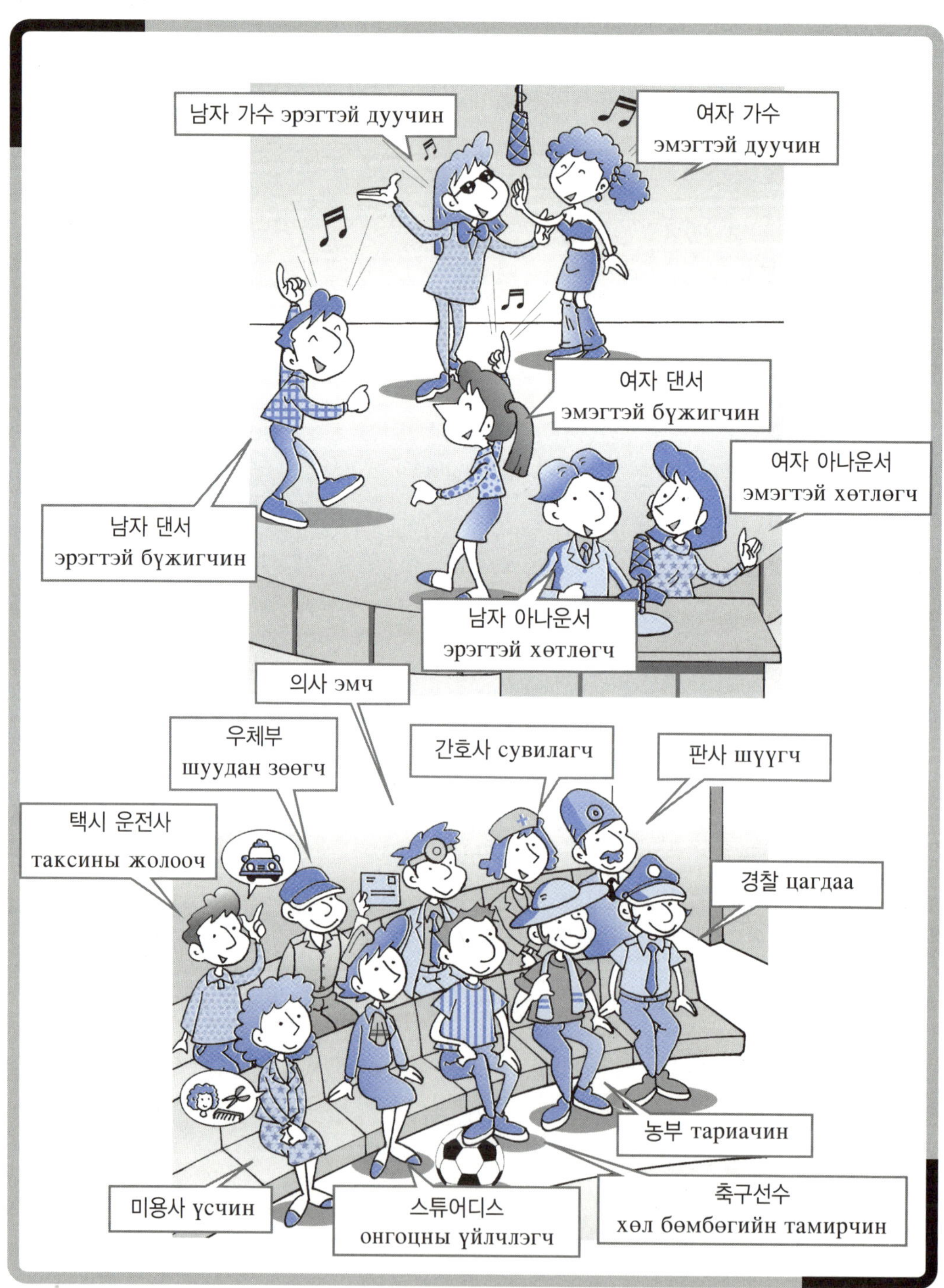

남자 가수 эрэгтэй дуучин
여자 가수 эмэгтэй дуучин
여자 댄서 эмэгтэй бүжигчин
여자 아나운서 эмэгтэй хөтлөгч
남자 댄서 эрэгтэй бүжигчин
남자 아나운서 эрэгтэй хөтлөгч
의사 эмч
우체부 шуудан зөөгч
간호사 сувилагч
판사 шүүгч
택시 운전사 таксины жолооч
경찰 цагдаа
농부 тариачин
미용사 үсчин
스튜어디스 онгоцны үйлчлэгч
축구선수 хөл бөмбөгийн тамирчин

Эмч нарын симпиозум(의사 심포지움)

신경외과의사 мэдрэлийн мэс заслын эмч   피부과의사 арьс өнгөний эмч

한국어	몽골어	한국어	몽골어
가사도우미	гэрийн үйлчлэгч	가수	дуучин
건축가	архитектор	건축인부	барилгачин
검사	прокурор	경비원/관리원	харуул
경찰관	цагдаа	공무원	төрийн албан хаагч
공증인	нотариатч	과일장수	жимс худалдагч
학자	эрдэмтэн	교사	багш
교수	их сургуулийн багш	구두장인	гуталчин
군인	цэрэг	기술자	механикч, засварчин
꽃장수	цэцэг худалдагч	노동자	ажилчин
농부	тариачин	대통령	ерөнхийлөгч
의장	тэргүүлэгч	대학생	оюутан
디자이너	загвар зохион бүтээгч	목수	мужаан
무용가	бүжигчин	만화가	зурагтай номын зохиолч, манга зохиогч
모델	загвар өмсөгч	목사	сүмийн номлогч
바텐더	бармен	배관공	сантехникч
배우	жүжигчин	버스기사	автобусны жолооч
번역사	орчуулагч	변호사	өмгөөлөгч
보석세공인	үнэт эдлэл урлаач, үнэт чулууны дархан	부동산 중계인	үл хөдлөх хөрөнгийн зуучлагч
비서	нарийн бичгийн дарга	빵집 주인	талхны газрын эзэн
사서	номын санч	사진사	зурагчин
사장	захирал	상인	худалдаачин, наймаачин
생선장수	загасны худалдаачин	소방관	гал сөнөөгч
승무원	онгоцны үйлчлэгч	신부	католикийн лам, номлогч
심판	шүүгч	안경사	оптикч
약사	эмийн санч	어부	загасчин
언론인	сэтгүүлч, хэвлэл мэдээллийн ажилтан	엔지니어	инженер
재봉사	оёдолчин	여행가이드	аяллын хөтөч
여행사 직원	аяллын компанийн ажилтан	예술가	уран бүтээлч

요리사 тогооч		우체부 шуудан зөөгч
운동선수 мэргэжлийн тамирчин		원예가 цэцэгчин
원예사 цэцэрлэгч		웨이터 зөөгч, үйлчлэгч
유치원보모 цэцэрлэгийн туслах багш		은행원 банкны ажилтан
음악가 хөгжимчин		이발사 эрэгтэй үсчин
자동차 정비공 машин засварчин		작가 зохиолч
장관 сайд		재난사 оёдолчин
전기기사 цахилгаанчин		짐원 худалдагч
접수원 хүлээн авагч/ ресепшн		정보처리기사 компьютерийн мэргэжилтэн
정비사 засварчин, механик		정원사 цэцэг таригч
정육점 주인 махны худалдаачин		조각가 уран баримлч
종업원 ажилтан, үйлчилгээний ажилтан		직원 ажилтан
초등학교 교사 бага ангийн багш		초등학생 бага ангийн сурагч
탐정 мөрдөгч		택시기사 таксины жолооч
통역사 орчуулагч		파일럿 нисгэгч
편집자 редактор, хянан тохиолдуулагч		포도주감별사 дарсны мэргэжилтэн
피부관리사 арьсны гоо сайханч		피아니스트 төгөлдөр хуурч
학생 сурагч		화가 зураач
화물차기사 ачааны машины жолооч		환경미화원 экологийн ажилтан
회사원 хувийн компанийн ажилтан		회계사 нягтлан бодогч

직업 묻고 답하기

- Та ямар мэргэжилтэй вэ? / Та юу хийдэг вэ?
  (직업이 뭔가요?)
  – Би багш. (저는 교사입니다.)
- Та хаана ажилладаг вэ?
  (어디서 일하십니까?)
  – Би Самсунг-д ажилладаг. (저는 삼성에서 일합니다.)

Ⅰ. 맞는 단어를 골라 보세요.

(1) Эмч ＿＿＿＿＿＿＿＿＿ ажилладаг .

① зочид буудалд   ② эмнэлэгт

(2) Нисгэгч ＿＿＿＿＿＿＿＿＿ ажилладаг .

① автобусанд   ② онгоцонд

(3) Тариачин ＿＿＿＿＿＿＿＿＿ ажилладаг .

① номын санд   ② тариалангийн талбайд

Ⅱ. 다음 인물들의 직업은 무엇일까요?

(1) Тэр автобус жолооддог. Тэр бол ＿＿＿＿＿＿＿＿ .

(2) Тэр сурагчдад хичээл заадаг. Тэр бол ＿＿＿＿＿＿＿＿ .

(3) Та цэцэг зардаг. Та бол ＿＿＿＿＿＿＿＿ .

(4) Тэр өвчтөн үздэг. Тэр бол ＿＿＿＿＿＿＿＿ .

(5) Тэр хувийн компанид ажилладаг.
Тэр бол ＿＿＿＿＿＿＿＿ .

Ⅲ. 다음 우리말을 몽골어로 옮기세요.

(1) 직업이 무엇입니까?

＿＿＿＿＿＿＿＿＿＿＿＿＿＿＿＿＿＿＿＿＿＿＿＿＿＿

(2) 저는 은행에서 일합니다.

＿＿＿＿＿＿＿＿＿＿＿＿＿＿＿＿＿＿＿＿＿＿＿＿＿＿

(3) 저는 회사 직원입니다.

＿＿＿＿＿＿＿＿＿＿＿＿＿＿＿＿＿＿＿＿＿＿＿＿＿＿

(4) 저는 외과의사입니다.

＿＿＿＿＿＿＿＿＿＿＿＿＿＿＿＿＿＿＿＿＿＿＿＿＿＿

(5) 저는 대학생입니다.

＿＿＿＿＿＿＿＿＿＿＿＿＿＿＿＿＿＿＿＿＿＿＿＿＿＿

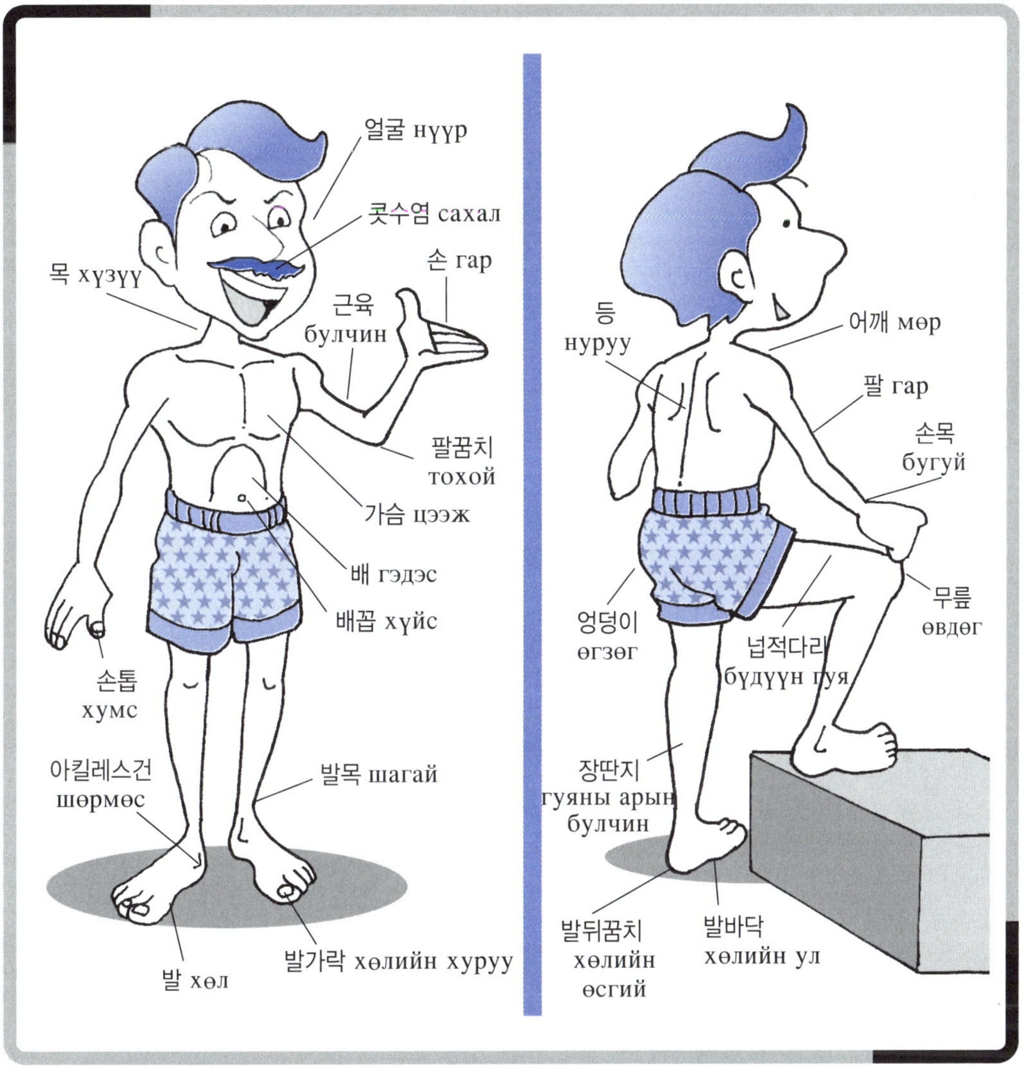

신체 묘사

키 큰 өндөр нуруутай	키 작은 намхан нуруутай	살찐 тарган
날씬한 гоолиг	포동포동한 бондгор, махлаг	마른 туранхай
건장한 биерхүү	비만의 махлаг, тарган	
해골처럼 마른 арьс яс болтлоо турсан, хэрзгэр		

체내 기관 (бие эрхтэн)

피부 арьс	근육 булчин	뼈 яс
힘줄 шөрмөс	심장 зүрх	피 цус
동맥 артерийн судас	정맥 венийн судас	뇌 тархи
목 хоолой	기관지 амьсгалын эрхтэн	간 элэг
소장 нарийн гэдэс	장 дотор гэдэс	대장 бүдүүн гэдэс
맹장 олгой	방광 давсаг	신경 мэдрэл
위 ходоод	척추 нурууны үе	

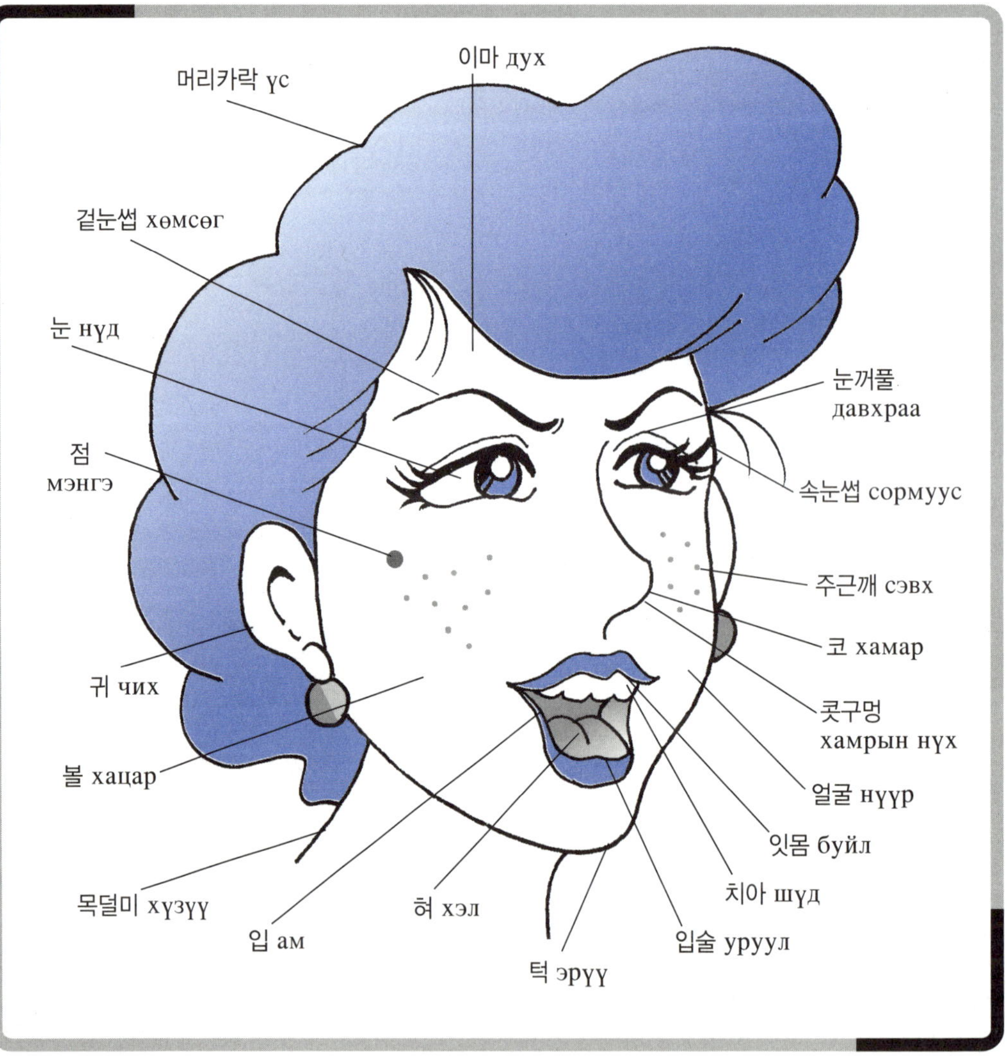

얼굴 묘사

뾰족한 코 шонхор хамар	들창코 оготор хамар
주먹코 бөөрөнхий хамар	메부리코 бүргэд хамар
움푹 들어간 눈 хүнхэр нүд	가늘게 찢어진 눈 онигор нүд
숱이 많은 눈썹 өтгөн хөмсөг	부은 얼굴 хавдсан нүүр
밝은 얼굴 гэрэлтсэн царай	슬픈 얼굴 уйтгартай царай
둥근 얼굴 бөөрөнхий нүүр / бөөрөнхий царай	

머리 스타일 표현

곱슬머리 буржгар үс	윤기가 흐르는 머리 гялалзсан үс
금발 머리 шаргал үс	갈색 머리 хүрэн үс
빨간 머리 улаан үс	긴 머리 урт үс
끝이 갈라진 머리 үзүүр нь салаалсан үс	대머리 халзан толгой
땋아 늘인 머리 сүлжсэн үс	기름진 머리 тослог үс
묶은 머리 боосон үс	뻣뻣한 머리 ширүүн үс
숱이 많은 머리 өтгөн үс	스트레이트 머리 шулуун үс
염색한 머리 будуулсан үс	파마한 머리 химитэй үс
푸석한 머리 гэмтэлтэй үс	흰 머리 буурал үс, цагаан үс
앞으로 드리운 머리 урагш нь унжуулсан үс	
어깨까지 내려오는 머리 мөр шүргэсэн үс	

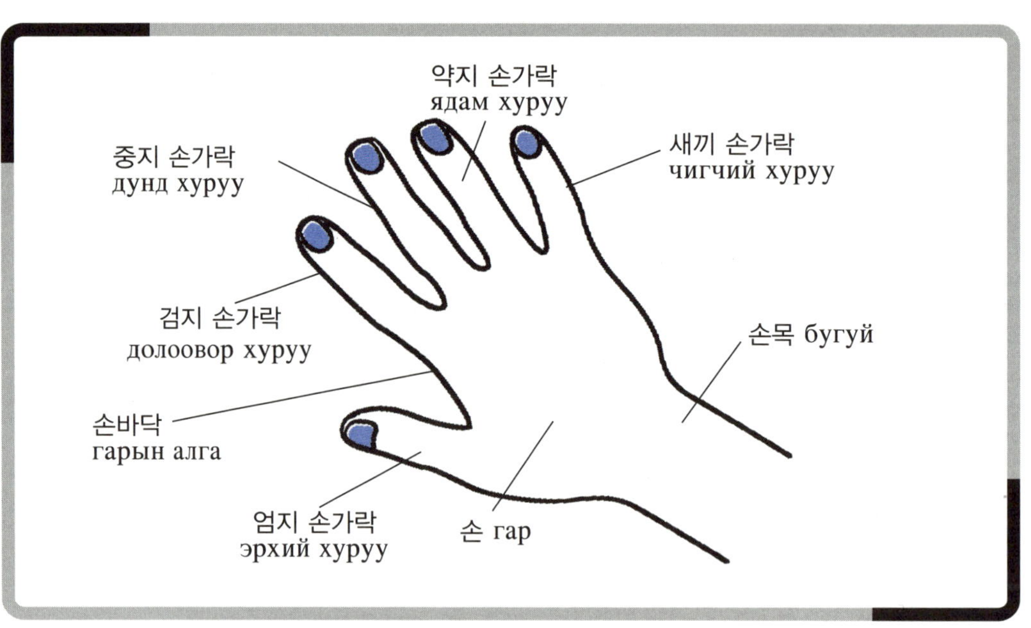

간호 сувилгаа	피검사 цусны шинжилгээ
소변검사 шээсний шинжилгээ	구급 түргэн тусламж
구급차 түргэн тусламжийн машин	마취 мэдээ алдах
인공호흡 хиймэл амьсгал	혈압 цусны даралт
X선 사진 рентген зураг	혈액형 цусны бүлэг

[의사가 하는 말]

- Таны хаана өвдөж байна вэ? / Хаана чинь өвдөж байна вэ?
  (어디가 아프세요?/어떻게 오셨습니까?)
- Хаана/ юу тань өвдөж байна вэ?
  (어디에 통증을 느끼세요?)
- Таны юу өвдсөн бэ?
  (어떻게 불편하십니까?)

– Миний гэдэс/нуруу/толгой/мөр өвдөж байна.
(나는 배가 / 허리가 / 머리가 / 어깨가 아파요.)
– Гэдэс/нуруу/толгой/мөр өвдөж байна.
(나는 배가 / 허리가 / 머리가 / 어깨가 아파요.)
– Сараагийн толгой өвдөж байна. (사라는 두통이 있다.)
– Би халуурч ханиалгаж байна. (난 열이 나고 기침을 힌다.)
– Би гараа тулгачихлаа. (난 팔목을 뻤다.)
– Палма шагайгаа булгалчиххсан. (팔마는 발목을 뻤다.)
– Тэр гараа хугалсан. (그녀는 팔이 부러졌다.)
– Би гараа зүсчихсэн. (나는 손가락을 베였다.)
– Би цус алдаж байна. (나는 피를 흘린다.)
– Хоол шингэхгүй байна. (나는 소화불량이다.)

• толгой (머리) ухаан, санаа
– Толгой хагарах гэж байна. (머리가 금방 터질 것 같아.)
– Тэр ухаантай хүн.
(그는 머리가 좋은 사람이다.)
–Тайван, бодолтой байх хэрэгтэй.
(너는 냉철한 머리를 가져야 한다.)
–Ийм хэцүү үед та уймарч болохгүй.
(이 위기 상황에서 냉정을 잃어서는 안 됩니다.)
• нүд (눈) (харц, хараа)
–Нүд хорсоод байна. (눈이 따갑다.)
–Түүн рүү харц шидсэн.
(그가 그녀에게 눈독을 들였다.)
–Хоёр ерөнхийлөгч нүүр тулан ярилцсан.
(두 대통령은 단독회담을 하였다.)
–Түүнийг би хараанаасаа бүрэн алдсан.
(나는 그 사람과 연락이 완전히 끊겼다.)

- цус (피)
  - Тэр халуун цустай. (그는 혈기왕성하다.)
  - Тэр огцом ширүүн зантай. (그는 다혈질이다.)
- хамар (코)
  - Хамраас нус гоожоод байна. (콧물이 난다.)
  - Хамар битүүрчихлээ. (코가 막혔다.)
  - Тэр үнэхээр хамраа сөхсөн хүн. (그녀는 콧대가 높다.)
- хэл (혀)
  - Тэр хэл амтай. (그는 독설가이다.)
  - Тэр заргаж мэтгэхдээ сайн. (그는 잘 따지고 비판적이다.)
- гар (алга) (손)
  - Тэр дээрэмчнийг хармагцаа хамаг хурдаараа зугтсан.
    (그 강도를 보자, 그는 걸음아 날 살려라 하고 줄행랑을 쳤다.)
  - Би толгой өөд татах завгүй байна. (나는 정신없이 바쁘다.)
- гар (팔)
  - Тэр надаар тоглосон. (그가 너를 가지고 놀았다.)
- ходоод (위)
  - Ээжийн ходоод өвдөөд байгаад миний сэтгэл зовож байна.
    (어머님의 위가 아픈 것이 내 마음에 걸린다.)

감각 (мэдрэх)

- сонсгол 청력
  - Эмээгийн сонсгол муудсан.
    (할머니는 더 이상 잘 듣지 못하신다.)
  - Эмээ сонсгол муутай.
    (할머니는 청력이 좋지 않다.)
- харах чадвар/ харах 시력
  - Өвөөгийн хараа, сонсгол нь сайн.
    (할아버지는 아직 잘 듣고 보신다.)
  - Түүний хараа сайн.
    (그의 시력은 아주 좋다.)
- үнэртэх чадвар/ үнэрлэх мэдрэмж 후각
  - Ноход маш үнэрч.
    (개들은 냄새를 매우 잘 맡는다.)

–Тэр эмэгтэйн үнэрлэх чадвар сайн.
(그녀는 후각이 잘 발달되어 있다.)

–Үнэрт дээ. Сарнай цэцгийн үнэр их сайхан байна.
(냄새 좀 맡아봐. 장미 향기가 매우 좋다.)

• Амтлах чадвар/ амтны мэдрэмж 미각

–Ээж амтанд их мэдрэмтгий. Амтыг маш сайн ялгаж чаддаг.
(어머니는 혀가 아주 예민하시다. 모든 맛을 잘 알아내신다.)

  ＊ 식당에서 종업원이 손님에게 식후에 하는 말

    –Танд таалагдсан уу?/ Хоол амттай байв уу? (맛있었습니까?)

    –Тийм ээ, баярлалаа. (네, 감사합니다.)

• Хүрч мэдрэх, тэмтрэх 촉각

–Хүйтэнд хуруу бээрчихлээ. Мэдрэгдэх юм алга.
(나는 추워서 손가락의 감각이 무뎌졌다. 아무것도 느낄 수가 없어.)

–Би харанхуйд хана тэмтэрч явсаар гэрлийн унтраалгыг олсон.
(나는 어둠 속에서 벽을 더듬어가다 스위치를 발견했다.)

–Тэр хөгжлийн бэрхшээлтэй. Хараагүй, бас юу ч мэдрэхгүй байгаа.
(그 아이는 발달 장애를 가지고 있다. 보지도 못하고 아무것도 느끼지 못한다.)

• Мэдрэмж, ялгах чадвар (감각)

–Миний мэдрэмж тааруу.
(나는 감각이 무디다.)

–Тэр гоо зүйн өндөр мэдрэмжтэй.
(그는 미적(美的) 감각이 뛰어나다.)

–Өнгө ялгах чадваргүй хүүхэд.
(이 아이는 색맹이다.)

단 чихэрлэг	짠 давстай, шорвог	신 исгэлэн
쓴 гашуун	매운 халуун ногоотой	
맛없는, 무미한 сул, амтгүй		

병 (ӨВЧИН)

간질 татаж унах	감기 ханиад	코감기 хамрын ханиад
경련 булчин татах	골절 яс хугарах	
뇌졸증 тархины судас нарийсах өвчин		당뇨 чихрийн шижин
독감 томуу	발열 халуурах	
발진 арьс өвчлөх, юм гарах		상처 шарх
베인 상처 зүсэгдэх, зүсэгдсэн шарх		
수두 салхин цэцэг	습진 намарс, нэвчих мэдрэл арьсны үрэвсэл	
암 өмөн үү, хорт хавдар		알레르기 харшил
에이즈 ДОХ	염좌 суналт, суналт үүсэх	
염증 үрэвсэл	오한 ханиад шуухниа, бие арзайж дагжих	
이하선염 гахайн хавдар	천식 багтраа	충치 хорхойтой шүд
치석 шүдний чулуу	편두통 толгой таллан өвдөх	
편도선염 бүйлсэн булчирхайн үрэвсэл		맹장염 олгой үрэвсэх
화상 түлэгдэлт	동상 хөлдөлт	홍역 улаан бурхан
폐렴 уушигны хатгаа	결막염 нүдний салстын үрэвсэл	

약 (ЭМ/ЭМЧИЛГЭЭНИЙ ЗҮЙЛС) (I)

처방전 эмийн жор	비타민 витамин	철분 төмөр
칼슘 кальци	인슐린 инсулин	백신 вакцин
감기약 ханиадны эм	멀미약 гэдэс зайлагдахаас сэргийлэх бэлдмэл	
진정제 тайвшруулах эм, тайвшруулагч		
진통제 өвчин намдаагч	항생제 антибиотик	소염제 үрэвслийг намдаагч
수면제 нойрсуулах эм, нойрны эм		아스피린 аспирин
젤 гель	주사 тарилга, тариа	
시럽 шингэн эм	알약 шахмал эм	약용 크림 тосон түрхлэг
연고 түрхлэг	좌약 лаа	캡슐 капсул

Гараа өргөөрэй.
(팔을 드세요.)

Хөлөө хоёр тийш нь болгоод зогсоорой.
(다리를 벌리고 서세요.)

Тонгойгоорой.
(허리를 앞으로 구부리세요.)

Нэг хөлөө дээш нь өргөөрэй.
(한쪽 다리를 들어 올리세요.)

Гараа алдлаарай.
(팔을 옆으로 펼치세요.)

Хөлөө нийлүүлээд өргөөрэй.
(다리를 모아 드세요.)

Толгойгоо эргүүлээрэй.
(머리를 한 바퀴 돌리세요.)

Толгойгоо тонгойлгоорой.
(머리를 숙이세요.)

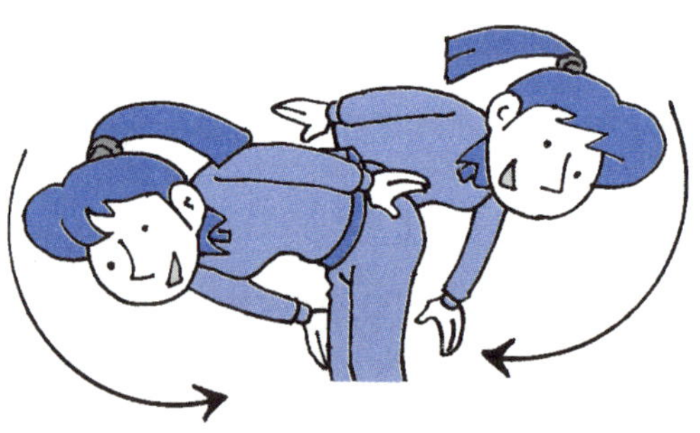

Бие баруун, зүүн тийш болгоорой.
(상체를 오른쪽과 왼쪽으로 숙이세요.)

Хэвтээрэй.
(누우세요.)

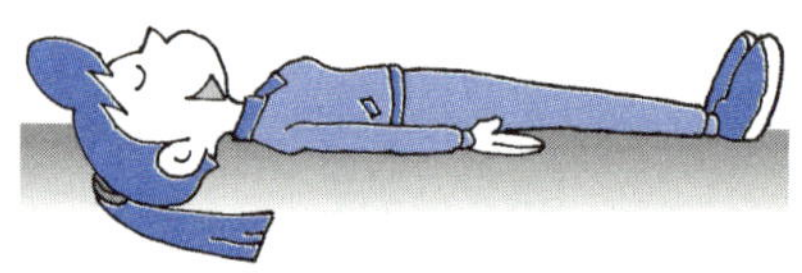

Хэвтэж байна.
(누워 있습니다.)

Босоорой.
(일어선다.)

Зогсож байна.
(서 있다.)

Суугаарай.
(앉는다.)

Сууж байна.
(앉아 있다.)

 ## 약(эм)(Ⅱ)

소독약 ариутгагч	일회용 밴드 нэг удаагийн шархны наалт	
반창고 шархны наалт	붕대 бинт, боолт	부목 чиг
깁스 гипс	목발 таяг	거즈 марль
탄력붕대 сунадаг боолт	선크림 нарны тос	방충제 шавьж үргээгч
탈취제 үнэр дарагч	생리대 ариун цэврийн хэрэглэл	
콘돔 бэлгэвч	피임약 жирэмслэхээс сэргийлэх эм	

Ⅰ. 다음 대화를 완성하시오.

(1) Эмнэлэгт

A: 1) Юу ①＿＿＿＿＿＿? (어디 아프세요?)

B: ②＿＿＿＿＿＿ өвдөж байна. (머리가 아파요.)

A: ③＿＿＿＿＿＿ аа сунгана уу. (혀 좀 내밀어 보세요.)

Та ④＿＿＿＿＿＿ байна. (열이 있군요.)

B: ⑤＿＿＿＿＿＿. (목이 아픕니다.)

Би одоо ⑥＿＿＿＿＿＿. (지금 전 임신 중입니다.)

(2) Эмийн санд

A : Сайн байна уу. Би ①＿＿＿＿＿＿ хүрчихлээ.

(안녕하세요. 전 감기에 걸렸습니다.)

Энэ эмийн жор байна.

(여기 처방전이 있습니다.)

B : Энэ эмийг өдөрт 3 удаа хоолны дараа уугаарай.

(이 알약을 하루에 3번 식후에 드세요.)

Хэрэв ②＿＿＿＿＿＿ энэ шингэн эмийг уугаарай.

(그리고 열이 있을 때는 이 시럽을 드세요.)

A : Ойлголоо. Та надад бас витамин өгөөч.

(네. 그리고 제게 비타민도 주세요.)

Хавар дулаан байдаг.
(봄에는 따뜻하다.)
Хавар мод цэцэглэдэг.
(나무는 봄에 꽃이 핀다.)

Зун халуун байдаг.
(여름에는 덥다.)
Хүмүүс далайн эрэг рүү очдог.
(사람들은 해변으로 간다.)

Намар сэрүүн байдаг.
(가을에는 서늘하다.)
Модны навч унадаг.
(낙엽이 떨어진다.)

Өвөл хүйтэн.
(겨울에는 춥다.)
Даардаг. (몸이 시리다.)

봄 хавар	여름 зун	가을 намар
겨울 өвөл	따뜻한 дулаан	추운 хүйтэн байх
더운 халуун байх	더움 халуун	시원함 сэрүүхэн байх
추움 хүйтэн	낙엽 унасан навч	꽃이 피다 цэцэглэх
얼다 хөлдөх	떨어지다 унах	

Цас их ордог. (눈이 많이 온다.)
Хүүхдүүд цасаар байлдаж,
** цасан хүн хийдэг.**
(아이들이 눈싸움을 하고, 눈사람을 만든다.)

Бороо их ордог.
(비가 많이 온다.)
Цаг агаар чийглэг байна.
(날씨가 습하다.)

Салхи үлээдэг. (바람이 분다.)
Хүмүүс цаасан шувуу хөөргөдөг.
(사람들이 연을 날린다.)

Цаг агаар сайхан байна.
(날씨가 좋다.)
Хүмүүс гадуур зугаална.
(사람들은 산책을 한다.)

Нар ээж байна.
(햇볕이 난다.)
Хүмүүс наранд биеэ
** шарна.**
(사람들이 선탠을 한다.)

Тэнгэр бүрхэг байна.
(구름이 끼었다.)
Бороо орох байх.
(비가 오겠다.)

Гадаа халтиргаатай байна.
(길이 빙판이다./길이 미끄럽다.)
Машинууд халтирч байна.
(자동차들이 미끄러진다.)

• Өнөөдөр цаг агаар ямар байна вэ?
  (오늘 날씨가 어떻습니까?)

Өнөөдөр	цас орно. 눈이 온다.
	бороо орно. 비가 온다.
	бороо шивэрнэ. 이슬비가 내린다.
	аянга цахилгаан цахина. 천둥이 친다.
	цахилгаантай бороо орно. 번개가 친다.
	мөндөр орно. 우박이 내린다.
	хяруу унана. 서리가 내린다.

Гадаа	үүлэрхэг байна. 구름이 끼었다.
	цэлмэг байна. 날씨가 맑다.
	салхитай байна. 바람이 분다.
	манантай байна. 안개가 끼었다.
	бороо орж байна. 비가 온다.
	нартай байна. 해가 비친다.

Гадаа	халуун байна. 덥다.
	чийглэг халуун байна. 끈적끈적하게 무덥다.
	дулаан байна. 따뜻하다.
	цэвэр тунгалаг агаартай байна. 신선하다(상쾌하다, 산뜻하다).
	сэрүүн байна. 쌀쌀하다.
	хүйтэн байна. 춥다.
	таатай дулаан байна. 온화하다.
	таатай байна. 쾌적하다.

- Хэдэн хэм байна вэ? (몇 도인가요?)
  - Хорин хэм байна. (20도입니다.)
  - Хасах таван хэм байна. (영하 5도입니다.)

- Өнөөдөр хэдэн хэм хүртэл хална гэсэн бэ?
  (오늘의 최고 온도가 어떻게 됩니까?)
  - Гучин гурван хэм хүртэл хална гэсэн. (최고 온도는 33도입니다.)
  - Гучин гурван хэм байна. (기온이 33도입니다.)

- Өнөө өр хэдэн хэм хүртэл хүйтэрнэ гэсэн бэ?
  (오늘의 최저 온도가 어떻게 됩니까?)
  - Хасах арван хэм хүртэл хүйтэрнэ гэсэн. (최저 온도는 10도입니다.)
  - Хасах арван хэм байна. (기온이 영하 10도입니다.)

■ 날씨를 나타낼 때

- Цаг агаар + 형용사 + байна
  Цаг агаар сайхан / муухай байна. (날씨가 좋다/나쁘다.)
  Гадаа салхитай / бороотой байна. (밖에 바람이 분다/비가 온다.)

- Гадаа + 형용사 + байна
  Гадаа халуун / хүйтэн байна. (밖이 덥다/춥다.)
  Гадаа цэлмэг / бүрхэг / чийгтэй / хуурай байна.
  (날이 맑다/구름이 끼었다/습하다/건조하다)

- Гадаа + 동사
  Гадаа салхи салхилж байна / бороо орж байна / цас орж байна.
  (바람이 분다/비가 온다/눈이 내린다.)

■ 기타 날씨 표현

- Өнөөдөр цаг агаар сайхан байна. (오늘은 날씨가 좋습니다.)
- Цэлмэг, нартай байна. (화창하고, 해가 났었습니다.)
- Үүлтэй байна. (안개가 끼었습니다.)
- Үзэгдэх хязгаар бага байна. (시야가 매우 안 좋습니다.)

- Гучин метрээс цааш юм харагдахгүй байна.
  (가시거리가 30미터입니다.)
- Бүтэж үхмээр халуун байна. (숨 막히게 덥습니다.)
- Маш хүйтэн байна. (너무 춥습니다.)
- Гадаа маш хүйтэн байна. (밖이 아주 춥습니다.)
- Тэнгэр цэлмэж байна. (날씨가 개었습니다.)
- Тэнгэрт хар/бараан үүлтэй байна. (하늘에 먹구름이 껴있습니다.)

기후 цаг агаар	비 бороо
소낙비 аадар бороо, түр зуурын бороо	눈 цас
눈보라 цасан шуурга	천둥 аянга
번개 цахилгаан цахих	우박 мөндөр
폭풍 шуурга, хүчтэй салхи	

Ⅰ. 날씨에 관한 대화 중 빈칸을 채워 넣어보세요.

(1) A : Өнөөдөр цаг агаар ямар байна вэ? (오늘 날씨가 어때요?)

B: _______________ юм шиг байна. (비가 올 것 같아요.)

A: Тийм гэж үү? Тэнгэрт ганц ч үүл байхгүй байна шүү дээ.

(진짜? 아직 하늘에 구름 한점 없잖아.)

(2) A : Сөүлд _______________ их ордог. (서울은 비가 많이 오고 있어.)

B : Одоо Дэжонд тэнгэр _______________ байна.

(지금 대전은 개었어.)

Цагийн дараа Сөүлд бороо зогсох байх.

(아마도 한 시간 후에는 서울에 비가 더 이상 오지 않을 거야.)

(3) A : _______________ их ордог. (눈이 많이 온다.)

Гудамж талбай _______________. (그리고 도로는 빙판이다.)

B : Одоо болтол уу? (아직도 그렇다고?)

Цаг агаарын мэдээтэй таарахгүй л байна даа.

(일기예보에서 말한 것과 완전히 다르군.)

의복(Хувцас)

소매가 짧은 богино ханцуйтай	소매가 긴 урт ханцуйтай
소매가 없는 ханцуйгүй	어깨가 드러나는 задгай мөртэй
앞이 깊이 파인 задгай энгэртэй	목까지 덮는 урт захтай

앞치마 хормогч | 목도리 х르з르ний ороолт
웨딩드레스 хуримын даашинз | 목욕가운 гэрийн халаад
양복조끼 эрэгтэй хантааз/ желетка | 스키복 цанын хослол
멜빵바지 мөрөвчтэй өмд | 핫팬츠 бариу богино өмд

- 〈옷〉 хувцас : 〈옷〉을 입다 хувцас өмсөх

  Өнөө оройн үдэшлэгт юу өмсөх гэж байна вэ?
  (오늘 저녁 파티에 무엇을 입을 거니?)
  – Би гоёлын даашинз өмсөнө. (난 이브닝드레스를 입을 거야.)

- хувцас өмсөх : 옷을 입다

  Хувцсаа өмсөөрэй. Явах боллоо.
  (옷을 입어라. 우리가 바로 출발할 것이다.)

- хувцсаа тайлах : 옷을 벗다

  Би хувцсаа тайлаад шүршүүрт орлоо. (나는 옷을 벗고 샤워한다.)

- хувцсаа солих : 옷을 갈아입다

  Чи бүр норчихож. Хувцсаа сольж өмс.
  (너는 완전히 젖었다. 빨리 옷을 갈아입어라.)

- хэн нэгнийг хувцаслах : ~에게 옷을 입히다

  Хүүхдэд дулаан хувцас өмсгө. Гадаа хүйтэн байна.
  (애를 따뜻하게 입혀라. 밖이 춥다.)

- хэн нэгэнд <хувцас> өмсүүлэх : 누구에게 〈옷〉을 입히다

  Би хүүхдэд цэвэрхэн өмд өмсгөв. (나는 아기에게 새 바지를 입힌다.)

- Би цамцаа сольж байна. (난 티셔츠를 갈아입는다.)

- Юндэн ганган хувцасладаг. (유르겐은 옷을 잘 입는다.)

- Марал загварын мэдрэмжтэй. (마리아는 유행을 잘 따른다.)

- Рагчаа мода, загвар хөөцөлдөггүй. (랄프는 유행에 뒤떨어진다.)

- ... дэндүү том / жижиг / өргөн / бариу / богино / урт.

  …이 너무 크다 / 작다 / 펑펑하다 / 꽉 끼는 / 짧다 / 길다.

 할인 〈Хямдрал〉

바겐세일	хямдрал
할인	хөнгөлөлт
점포정리 할인	агуулах чөлөөлөх худалдаа
환불	буцааж өгч мөнгөө авах
할부판매	хувааж төлөх нөхцөлтэйгээр зарах/лизинг
할부구매	хувааж төлөхөөр худалдаж авах
할부상환	хувааж төлөх нөхцөлтэйгээр авсан төлбөрөө төлөх
교환	солих

 ## 복장 (хувцас)

- 티셔츠 подволк
- 치마 банзал /юбка
- 군복 цэргийн дүрэмт хувцас
- 상복 гашуудлын хувцас
- 신사복 эрэгтэй хослол
- 팀 유니폼 багын дүрэмт өмсгөл
- 캐주얼 복 өдөр тутмын хувцас, энгийн хувцас
- 평상복 энгийн хувцас, өдөр тутмын өмсгөл
- (군인, 경찰 등의) 정복 дүрэмт хувцас

- 청바지 жинс
- 야회복 гоёлын хувцас
- 사무복 албаны хувцас
- 파티복 үдэшлэгийн хувцас
- 결혼 의상 хуримын хувцас

 ## 의복 (хувцасны төрөл)

- 면으로 만든 원피스   хөвөн даавуун даашинз
- 모로 만든 스웨터   ноосон цамц
- 아마로 만든 셔츠   нейлон цамц
- 비단 블라우스   торгон, эмэгтэй цамц
- 폴리에스터로 만든 재킷   нийлэг хүрэм
- 가죽 치마   савхин юбка/ банзал
- 밍크 코트   булган хүрэм
- 니트 원피스   нэхмэл даашинз

의복 명칭을 사용한 표현

- Ямар ч ялгаагүй. (어떻게든지 상관없다.)
- Хувцас бурхан. (옷이 날개다.)
- Манай дүү тэнгэр дуугарахаас үхтлээ айсан.
  (내 어린 남동생이 천둥 번개에 겁에 질렸다.)
- Тэр тоглолт амжилтгүй болсон.
  (그 공연은 완전히 실패했다.)

Ⅰ. 다음 낱말에 해당하는 몽골어를 말해 보세요.

(1) 바지 _______________________

(2) 치마 _______________________

(3) 원피스 _______________________

(4) 양복 정장 _______________________

(5) 투피스 _______________________

Ⅱ. 다음 우리말을 몽골어로 말해 보세요.

(1) 너 오늘 무엇을 입을 거니?

____

(2) 여기가 덥습니다. 외투를 벗으세요.

____

(3) 옷을 따뜻하게 입으세요. 밖에 추워요.

____

(4) 이 셔츠가 내게 너무 큽니다.

____

(5) 이 바지가 너무 깁니다.

____

09 속옷 (Дотуур хувцас) / 소품들 (Хувцасны чимэг, дагалдах зүйлс)

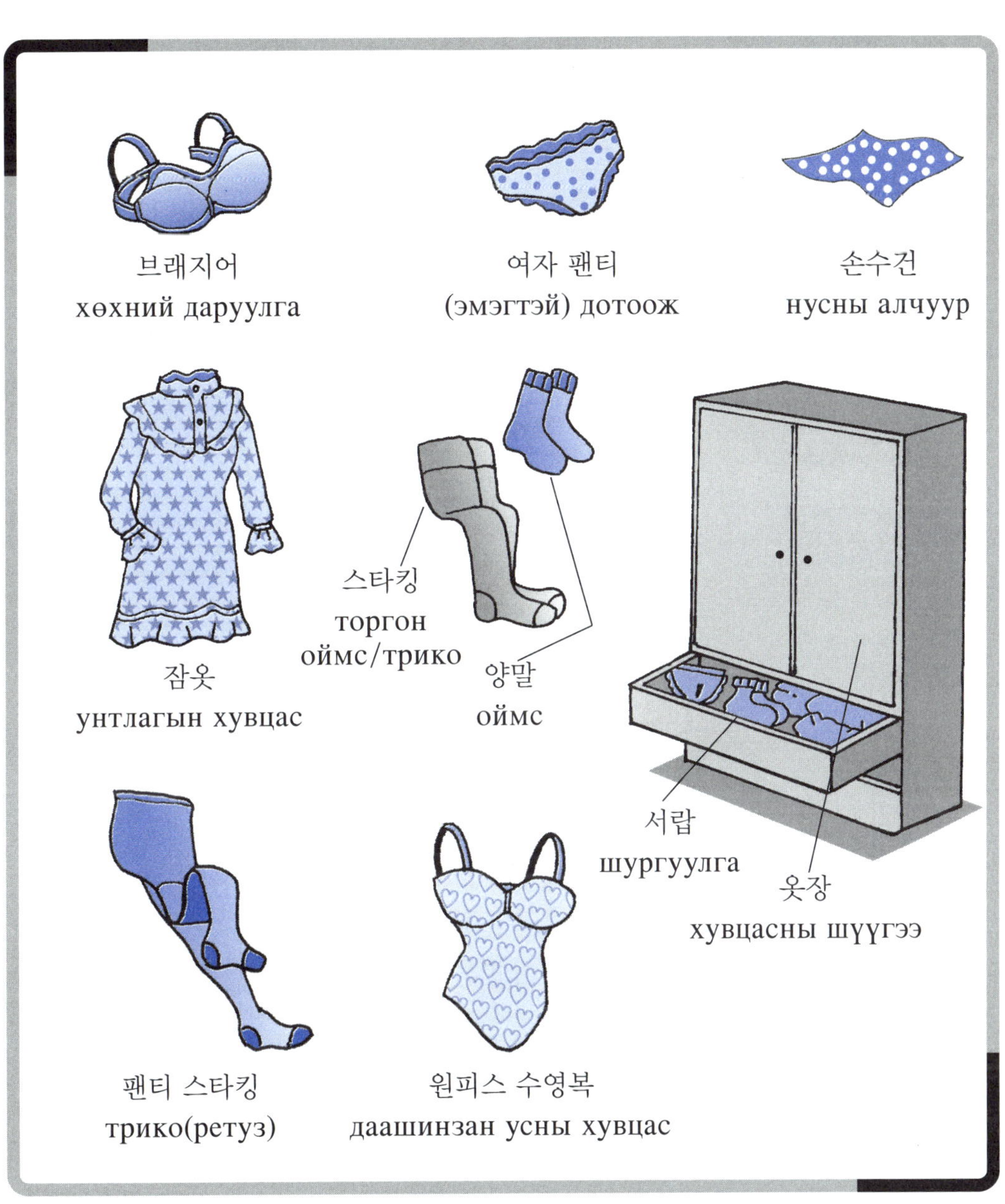

수건 알чуур	실내복 гэрийн хувцас
잠옷 унтлагын хувцас	스카프 нимгэн ороолт
목욕가운 халаад	

남자팬티
(эрэгтэй) дотоож

장갑
бээлий

남자 수영복
эрэгтэй хүний усны хувцас

혁대
бүс, тэлээ

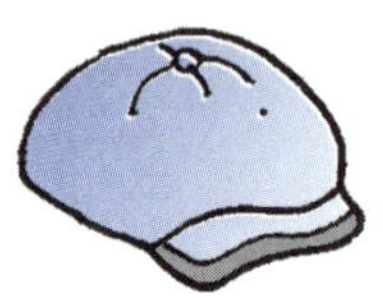

베레모
тоорцог

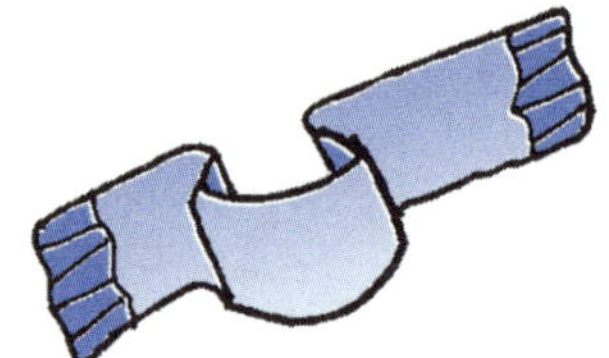

목도리
ороолт

넥타이
зангиа

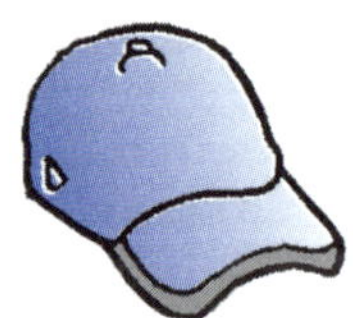

챙있는 모자
саравчтай, хүрээтэй малгай

밀짚모자
сийрсэн малгай

챙이 없는 모자
хүрээгүй малгай

나비넥타이 эрвээхий зангиа	멜빵 мөрөвч
커프스단추 захны товч	앞치마 хормогч
야구모자 бэйсболын малгай	중산모 дугуй бүрх малгай
(비교적 딱딱한 재질의) 모자 саравчтай малгай	
망사 스타킹 торон трико	

무늬 (хувцасны судал)

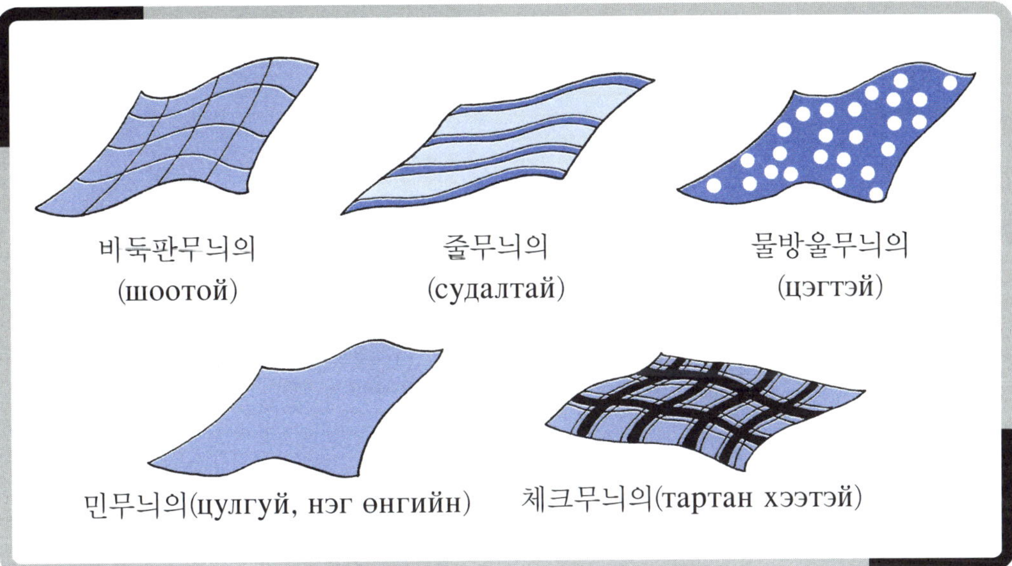

Дасгал ажил

Ⅰ. 해당하는 알맞은 어휘를 넣으시오.

(1) Надад ______________ үзүүлнэ үү. (중산모를 보여 주세요.)

(2) Энэ ______________ алчуурыг худалдаж авъя.

(저는 물방울 무늬의 손수건을 사고 싶습니다.)

(3) Энэ ______________ охинд маань томдож байна.

(이 앞치마는 우리 딸에게는 너무 큽니다.)

(4) ______________-г үзэж болох уу?

(그 넥타이를 제게 보여 주실 수 있나요?)

(5) Та надад шилэн хоргонд байгаа ______________-г аваад өгөөч.

(저기 쇼 윈도우에 있는 목도리를 보여 주세요.)

Ⅱ. 다음 두 낱말의 뜻을 말해 보세요.

(1) алчуур – нусны алчуур

(2) нимгэн ороолт – хүзүүний ороолт

(3) бэйсболын малгай – саравчтай малгай

(4) сийрсэн малгай – бүрх малгай

운동화
비еийн тамирын гутал, пүүз

뾰죽구두
шөвгөр гутал

끈이 없는 간편한 단화
үдээсгүй, намхан өсгийтэй гутал

샌들
сандаал

실내화
гэрийн шаахай

굽이 없는 구두
намханултай гутал

핸드 백
гар цүнх

서류 가방
бичгийн цүнх

부츠
түрийтэй гутал

배낭
үүргэвч

여행용 가방
аяллын цүнх

숄더백 мөрөндөө үүрдэг цүнх	(초등학생용 가방) хичээлийн цүнх
여행가방 аяллын цүнх	지갑 түрийвч
장지갑 урт түрийвч	동전지갑 задгай мөнгөний түрийвч
구두끈 гутлын үдээс	구두약 гутлын тос
구두 밑창 гутлын ул	신발 닦다 гутлаа арчих, цэвэрлэх

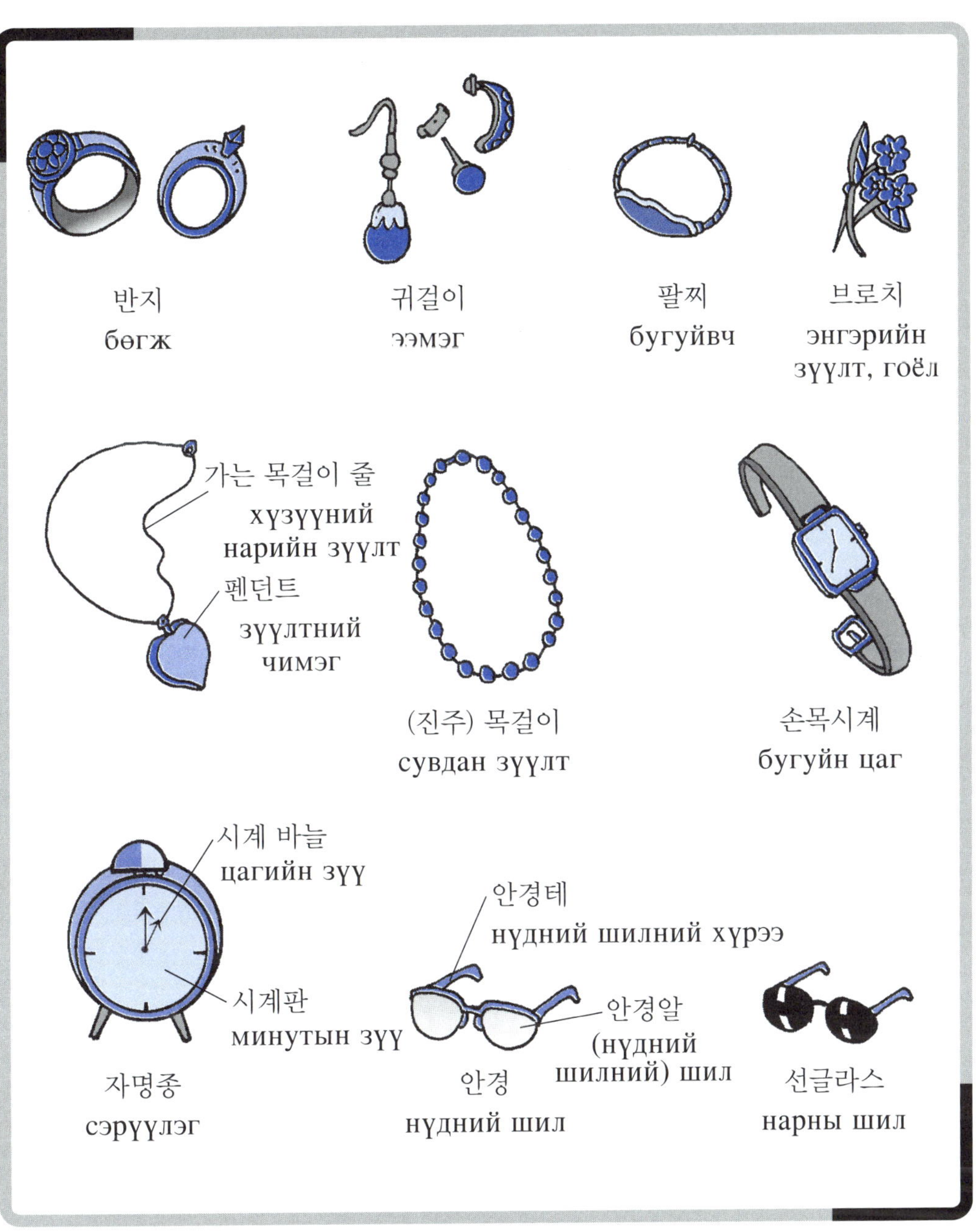

벽시계 ханын цаг	사슬모양 팔찌 сүлжмэл бугуйвч
전자시계 электрон цаг	뻐꾸기시계 хөхөөтэй цаг
초침 секундын зүү	발찌 хөлийн зүүлт

 **동사: өмсөх(입사/신다/끼다), тавих(쓰다), ороох/зүүх(매다)**

- Тэр эмэгтэй өмд/даашинз/цамц/хүрэм өмсч байна.
  (그녀는 바지를/원피스를/블라우스를/재킷을 입는다.)
- Тэр эмэгтэй трико/оймс/гутал өмсч байна.
  (그녀는 스타킹을/양말을/신발을 신는다.)
- Тэр эмэгтэй бээлий өмсч байна.
  (그녀는 장갑을 낀다.)
- Тэр эмэгтэй малгай өмслөө. / Нүдний шил зүүлээ.
  (그녀는 모자를 썼어요. / 안경을 썼어요.)
- Тэр зангиа зүүж байна. / Ороолт ороож байна.
  (그는 넥타이를 매고 있어요. / 목도리를 매고 있어요.)

 **사이즈 묻고 답하기**

■ 신발가게

- Та хэдэн размер өмсдөг вэ?/Та хэдэн размерын гутал өмсдөг вэ?
  (치수가 어떻게 됩니까?)
    - Би 40 размерын гутал өмсдаг. / Миний гутлын размер 40.
      (제 신발 치수는 40입니다.)
- Энэ гутал хөлд эвтэйхэн/эвтэйхэн биш юм.
  (이 신발이 편합니다/불편합니다.)
- Энэ гутал арай том/жижиг/бариу/намхан улттай байна.
  (이 신발이 너무 큽니다/작습니다/꽉 낍니다/굽이 낮습니다.)

■ 옷가게

- Та хэдэн размер өмсдөг вэ?/Таны размер хэд вэ?
  (치수가 어떻게 됩니까?)
- Танайд үүнээс нэг размер том/жижиг юм бий юу?
  (한 치수 큰/작은 것이 있나요?)
    - Энэ 38 размер. (38 치수입니다.)
    - Бидэнд үүнээс янз бүрийн размер бий.
      (저희는 그것을 다양한 치수로 가지고 있습니다.)

– Уучлаарай. Тэр размерынх алга.
　　(죄송합니다. 그 치수는 없습니다.)
• Сайхан таарч байна. (이것이 몸에 잘 맞습니다.)
• Энэ таарахгүй байна. (이것이 몸에 잘 안 맞습니다.)
• Арай том/жижиг/урт/богино/бариу/өргөн байна.
　(이것은 너무 큽니다./작습니다./깁니다./짧습니다./(몸에) 쨉니다./펑펑합니다.)
• Танд зохиж байна. /зохихгүй байна.
　(그것이 당신에게 잘 어울립니다./어울리지 않습니다.)

■ 어울리다/어울리지 않다.

• Чамд үнэхээр зохиж байна.
　(그것은 당신에게 정말 잘 어울린다.)
• Танд энэ зангиа сайхан зохиж байна.
　(이 넥타이가 네게 잘 어울린다.)
• Энэ цамц чамд сайхан зохиж байна.
　(그 셔치는 네게 너무 잘 어울린다.)
• Тэр хослол дээр энэ зангиа тохирохгүй байна.
　(그 양복에는 이 넥타이가 어울리지 않는다.)

■ 맘에 들다/들지 않다.

• Надад таалагдаж байна. (난 이것이 마음에 든다.)
• Надад таалагдахгүй байна. (난 이것이 마음에 들지 않는다.)

■ 구매의사 표현

• Би түүнийг худалдаж авъя. (그것을 삽니다.)
• Түүнийг авъя. (그것을 사겠습니다.)
• Би түүнийг авахгүй. (그것을 사지 않겠습니다.)

■ 유용한 다른 표현

• Үнэхээр сайн чанартай юм.
　(매우 좋은 재질의 제품이다.)
• Энэ одоо моодонд орж байгаа.
　(이것은 지금 인기제품입니다.)
• Би түүнийг өмсөж/зүүж үзэж болох уу?

(제가 그것을 입어 봐도 되겠습니까?)
* Хувцас солих өрөө хаана байдаг вэ?
  (탈의실은 어디에 있습니까?)
* Үүнийг авъя.
  (제가 이것을 사겠습니다.)
* Та үүнийг бэлэгний боолтоор боогоод өгөхгүй юу?
  (이것을 선물로 포장해 줄 수 있습니까?)

 **재료 (Материал)**

실크 торго	양모 хонины ноос	
직물 сүлжмэл даавуу	면 хөвөн даавуу	마 олсон даавуу
나일론 нейлон	폴리에스테르 нийлэг	고무 резин
가죽 арьс, савхи		

금 алт	백금 цагаан алт	은 мөнгө
동 зэс	주석 цагаан тугалга	

산호 шүр	상아 зааны яс	진주 сувд
루비 бадмаараг	호박 хув	다이아몬드 очир алмаз
에메랄드 маргад	오팔 гэрэлт чулуу	터키석 оюу
사파이어 индранил		

Ⅰ. 다음 낱말에 해당하는 몽골어를 말해 보세요.

(1) 운동화 ______________________

(2) 샌들 ______________________

(3) 핸드백 ______________________

(4) 배낭 ______________________

(5) 여행용 기방 ______________________

(6) 반지 ______________________

(7) 안경테 ______________________

(8) 배지 ______________________

(9) 자명종 ______________________

(10) 선글라스 ______________________

Ⅱ. 다음 우리말을 몽골어로 말해 보세요.

(1) 그녀는 블라우스를 입는다.
____

(2) 나는 양말을 신는다.
____

(3) 그는 선글라스를 낀다.
____

(4) 나는 넥타이를 맨다.
____

(5) 이것 한 치수 작은 것 있습니까?
____

거주지 (Оршин суудаг газар) / 집 (Гэр, сууц)

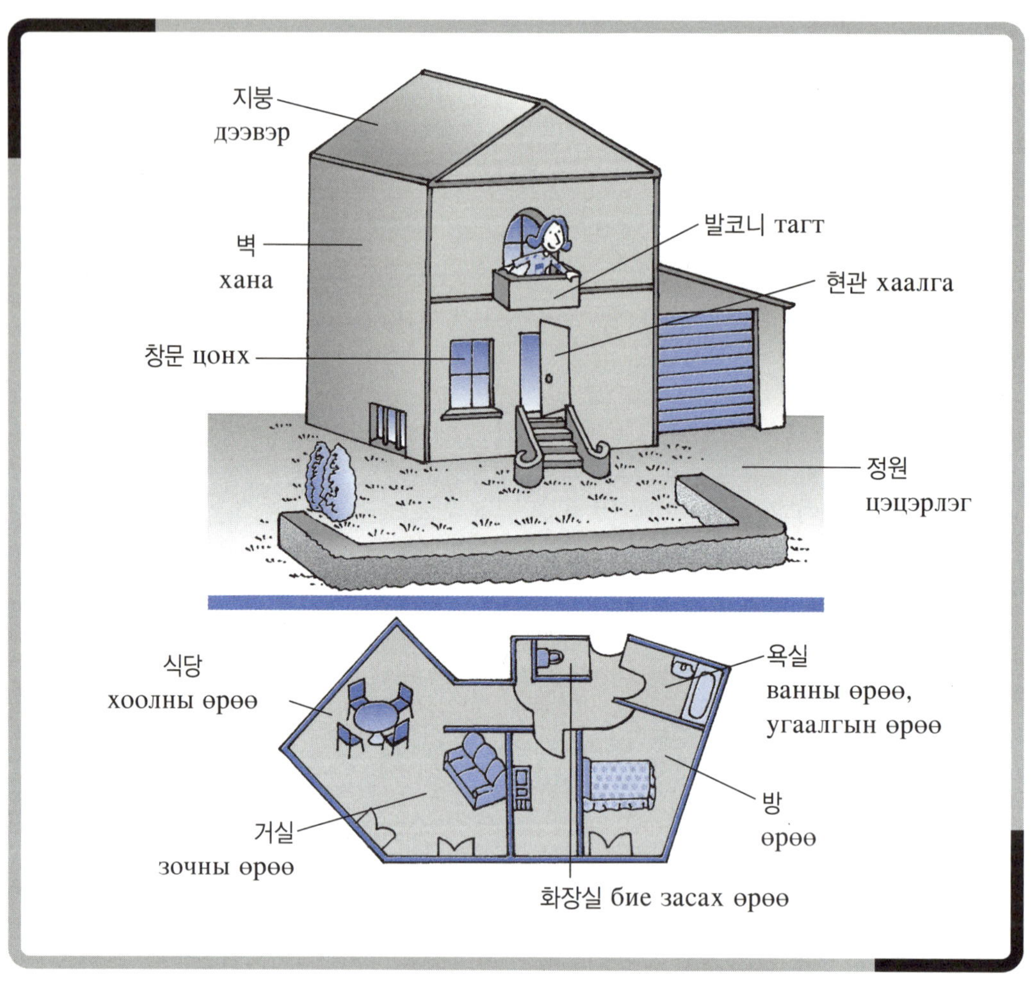

천장 тааз	바닥 шал	계단 шат
1층 нэгдүгээр давхар	입구 үүд, орох хаалга	
지하실 зоорийн давхар	2층 хоёрдугаар давхар	
부엌 гал тогоо, галын өрөө	복도 хонгил	
중앙난방 төвийн халаалт	개별난방 өөрийн/хувийн халаалт	
창고 агуулах	쓰레기 хог	
다락(방) дээврийн өрөө	어린이 놀이터 хүүхдийн тоглоомын талбай	

- Та хаана амьдардаг вэ? (어디 사세요?)
  - Би метроны буудлаас километрийн зайтай амьдардаг.
    (전철역에서 1킬로미터 떨어진 곳에 살아요.)
  - Би автобусны буудлаас 5 минут алхах газар амьдардаг.
    (버스정류장에서 걸어서 5분 거리에 살아요.)
  - Би 6-р байранд амьдардаг.
    (제 6건물에 살아요.)
  - Би Берлинээс нэг цаг явж хүрэх газарт амьдардаг.
    (베를린에서 차로 한 시간 거리에 살아요.)
- Буудлаас танайх хүрэхэд хэр уддаг вэ?
  (역에서 댁까지 얼마나 걸립니까?)
  - Нэг цаг болдог. (1시간 걸립니다.)
- Тэр хотын захаар нийтийн орон сууц олон баригдсан.
  (그 도시 외곽 지역에는 공공 주택이 많다.)
- Тэр эмэгтэй 2 давхарт амьдардаг.
  (그녀는 2층에 산다.)
- Тэр байрны зар өчигдрийн сонинд гарсан байна билээ.
  (어제 신문에 그 집 광고가 났다.)
- Би байрны түрээс их төлдөг.
  (난 매우 많은 집세를 낸다.)
- Би сар бүрийн эхэнд байрны түрээсээ төлдөг.
  (나는 매달 1일에 집세를 내야 한다.)

빌딩 өндөр барилга	성 цайз, ордон	별장 зуслангийн байр
통나무집 дүнзэн байшин		탑 цамхаг
아파트 орон сууц	집세 байрны түрээс	집 байшин, сууц
스튜디오 студи	경비 байрны жижүүр	
집주인 түрээслүүлэгч, байрны эзэн		보증금 барьцааны мөнгө
세입자 түрээслэгч	기숙사 нийтийн байр, дотуур байр	
대학 기숙사 оюутны дотуур байр		팔 집 зарах байшин

관리비 байрны хэрэглээний төлбөр	
세놓을 집 түрээслэх байшин	광고 зар
소개비 зуучлалын хөлс	계약 гэрээ
승강기 лифт, цахилгаан шат	

Дасгал ажил

Ⅰ. 다음 우리말을 몽골어로 말해 보세요.

(1) 창문 _______________________

(2) 천장 _______________________

(3) 계단 _______________________

(4) 복도 _______________________

(5) 창고 _______________________

(6) 별장 _______________________

(7) 경비 _______________________

(8) 대학기숙사 _______________________

(9) 관리비 _______________________

(10) 계약 _______________________

Ⅱ. 다음 우리말을 몽골어로 말하세요.

(1) 어디 사세요.

____

(2) 버스정류장에서 걸어서 5분 거리에 삽니다.

____

(3) 나는 5층에 삽니다.

____

(4) 매월 1일에 집세를 지불해야 합니다.

____

(5) 역에서 댁까지 얼마나 걸립니까?

____

방 (Өрөө) / 거실 (Зочны өрөө)

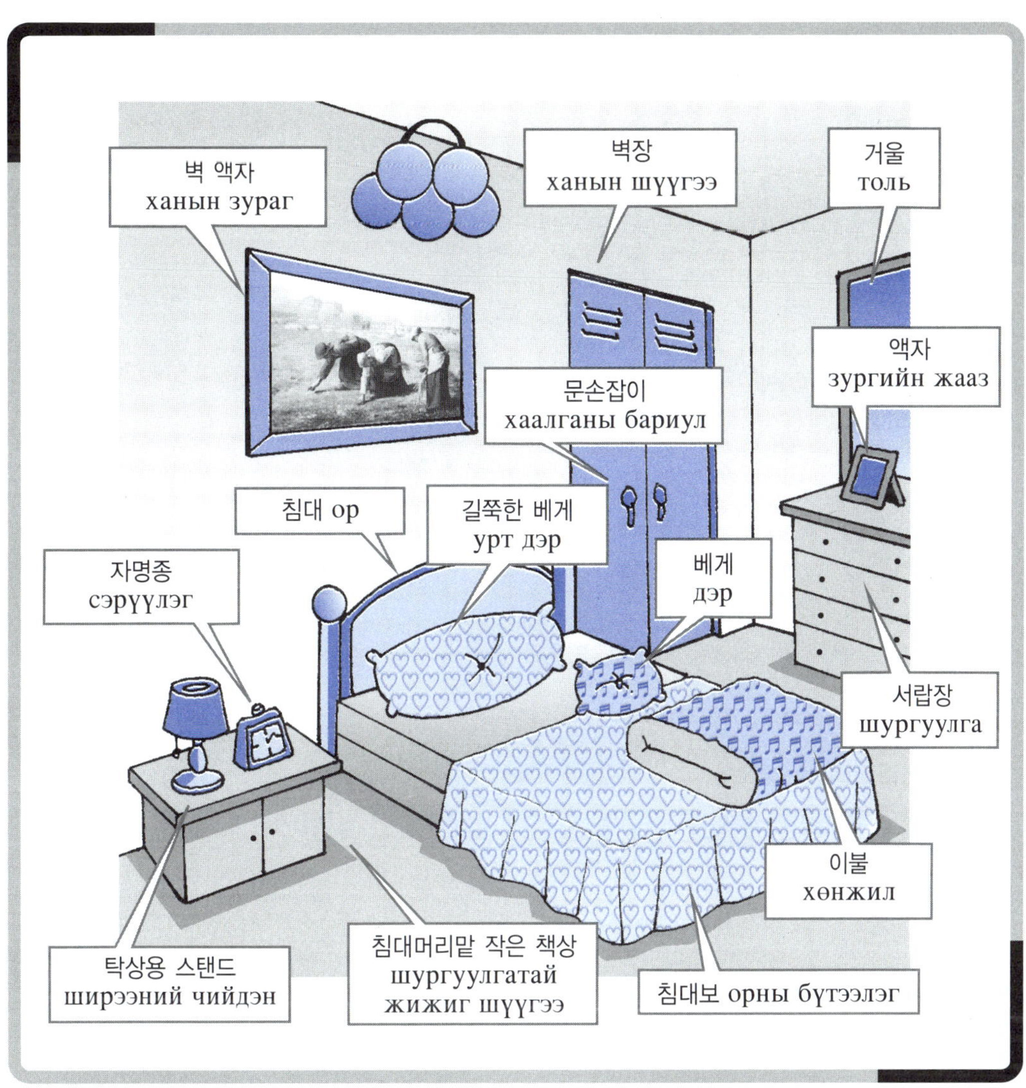

어린이용 침대 хүүхдийн ор	더블베드 өргөн ор
싱글베드 нарийн ор	전기담요 (цахилгаанаар) халдаг гудас
옷장 хувцасны шүүгээ	옷걸이 хувцасны өлгүүр
히터 халаагч	드레스 룸 хувцасны өрөө
베갯잇 дэрний уут	에어컨 кондишн, халуун/хүйтнээр үлээгч

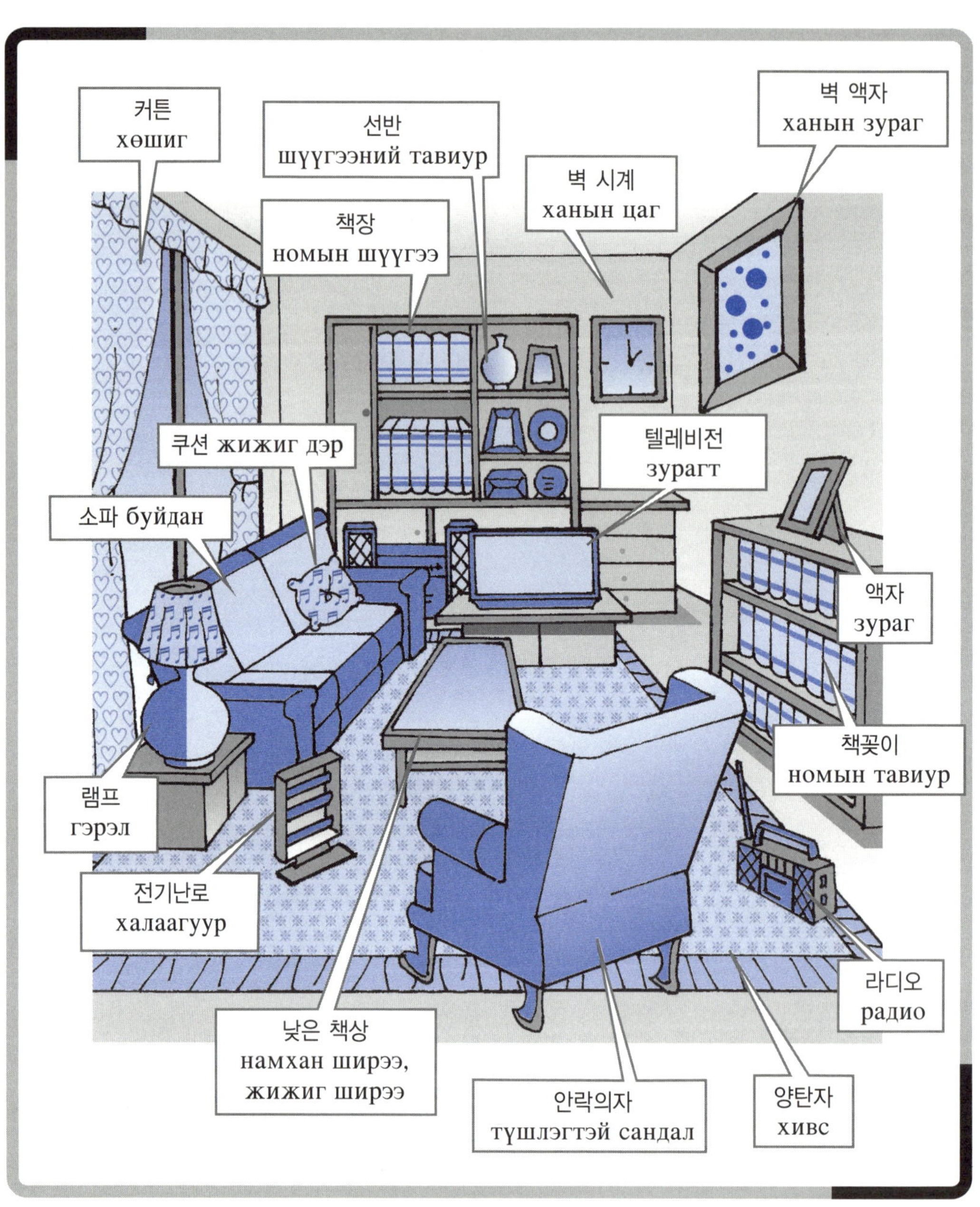

의자 сандал	동그란 의자 дугуй сандал
회전의자 эргэдэг сандал	오디오 аудио хөгжим
VTR кассет тоглуулагч, видео тоглуулагч	전화 энгийн утас
재떨이 үнсний сав	리모컨 зурагтын удирдлага
(전구)스위치 гэрлийн унтраалга	벽난로 ханын зуух

전구 그эрлийн шил	형광등 неон гэрэл
환풍기 агааржуулагч төхөөрөмж	콘센트 залгуур

I. 다음 낱말을 몽골어로 말해 보세요.

(1) 진등 ___________________________

(2) 스탠드 ___________________________

(3) 벽장 ___________________________

(4) 싱글베드 ___________________________

(5) 옷걸이 ___________________________

(6) 커텐 ___________________________

(7) 쿠션 ___________________________

(8) 침대보 ___________________________

(9) 거울 ___________________________

(10) 에어컨 ___________________________

13 학교 (Сургууль)

학생용 가방
ХИЧЭЭЛИЙН ЦҮНХ

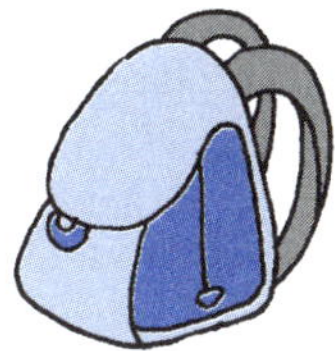

배낭
ҮҮРГЭВЧ

필통
үзэг харандааны сав

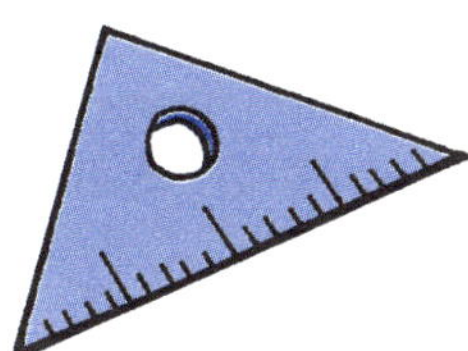

삼각자
гурвалжин шугам

연필 / 연필꽂이
харандаа/үзэгний сав

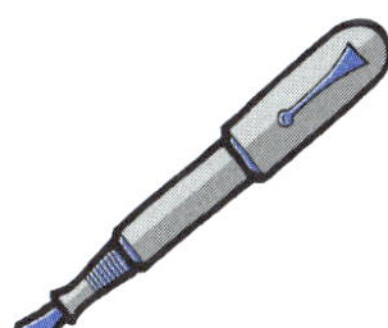

만년필
үзэг

가위
хайч

볼펜
бал

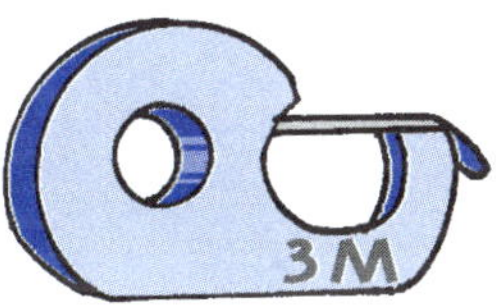

스커치 테이프
скоч

샤프
дардаг харандаа

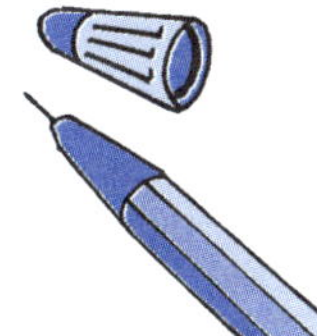

싸인펜 / 싸인펜 뚜껑
палмастер/палмастерын
толгой

길죽한 자
шугам

책

ном

공책

дэвтэр

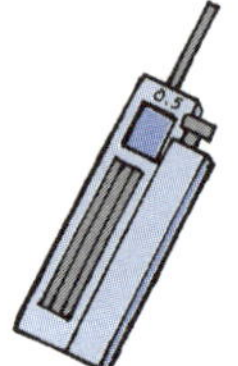

샤프심 통

харандаа балны сав

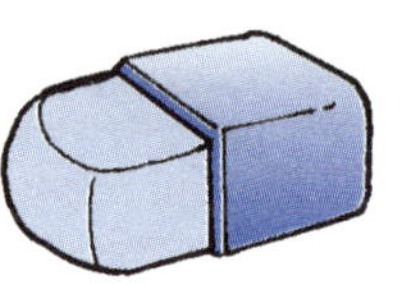

지우개

баллуур

풀

цавуу

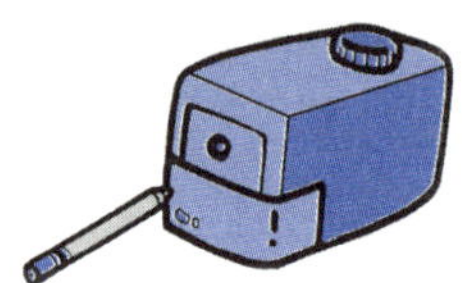

연필깍이

харандаа үзүүрлэгч

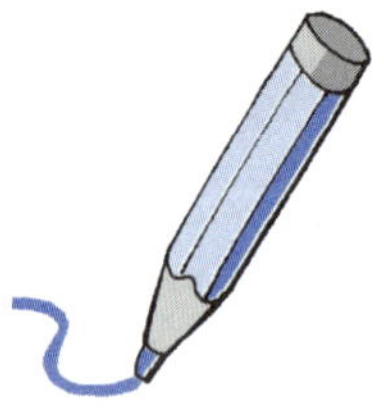

색연필

өнгийн харандаа

수첩 / 메모지

тэмдэглэлийн дэвтэр

파일

бичгийн хавтас

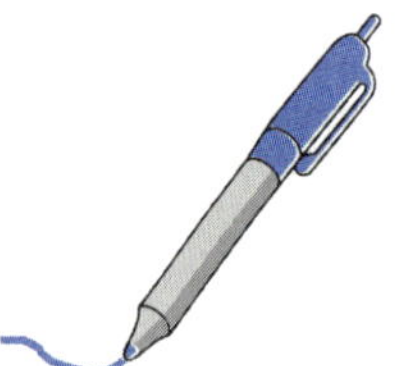

수성 펜

урсдаг бал

붓

бийр

화이트

штрик

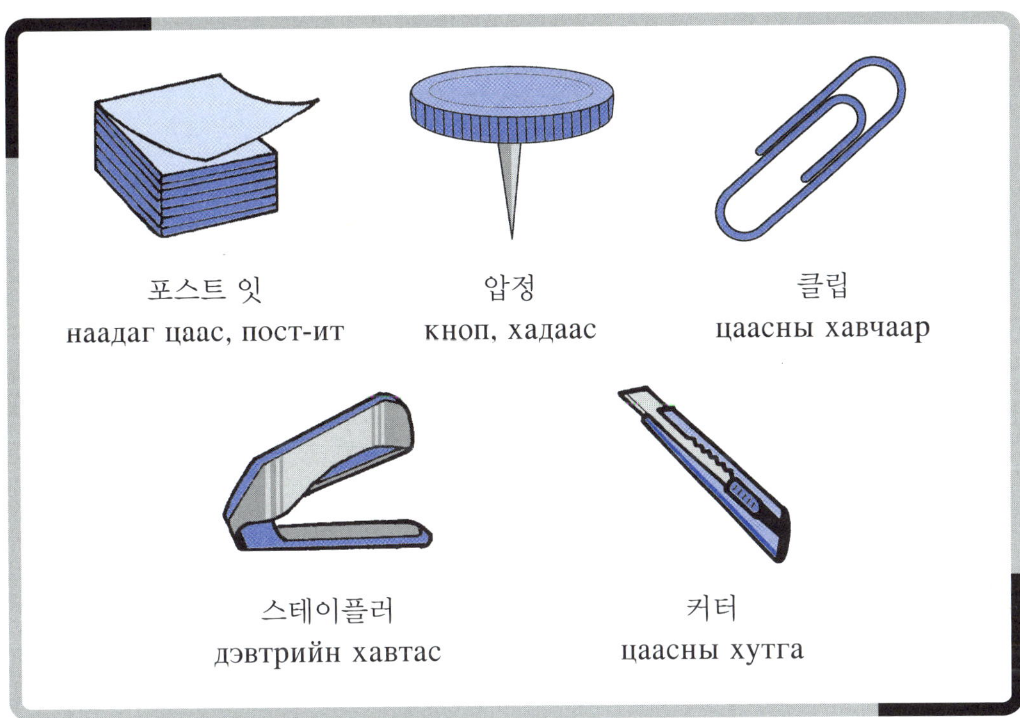

- Та ямар их сургуульд суралцсан бэ? (어디에서 수학하셨나요?)
- Би Сөүлийн Их Сургуульд суралцсан. (저는 서울대에서 수학했습니다.)
- Би шалгалтандаа тэнцсэн. (나는 시험에 합격했다.)
- Би шалгалтандаа унасан. (나는 시험에 불합격했다.)
- Монголд их сургуулийн хичээл 9-р сард эхэлдэг.
  (몽골에서는 학기가 9월에 시작한다.)
- Та ямар хичээлд дуртай вэ? (어떤 과목을 좋아하세요?)
- Би монгол хэл, математикт дуртай.
  (저는 몽골어와 수학을 좋아합니다.)
- Би монгол хэлэндээ сайн. (나는 몽골어에 강하다.)
- Би химидээ сайнгүй. (나는 화학이 약하다.)

잉크 бэх	편지지 захидал	전자계산기 тооны машин
포장지 бэлэг боодог цаас	라벨 наалттай ангилал	
책상 бичгийн ширээ	분필 шохой	칠판 самбар
의자 сандал	과목 хичээл	학기 хичээлийн улирал

- Би физик, математик заадаг. (나는 수학과 물리를 가르친다.)
- Би сурагчдадаа их даалгавар өгдөг.
  (나는 학생들에게 숙제를 많이 내준다.)
- Би заах хичээлээ сайн бэлддэг. (나는 수업을 매우 잘 준비한다.)
- Би шударга дүн тавьдаг. (나는 정당한 성적을 부여한다.)
- Би шалгалт, тестүүдийг засдаг. (나는 과제와 평가를 수정한다.)
- Би хэзээ ч хичээлээ орхигдуулдаггүй. (나는 절대로 휴강을 하지 않는다.)

■ 학생이 하는 말

- Би хүч чадлаа дайчилж сурдаг. (나는 열심히 공부한다.)
- Би өнөөдөр хичээлгүй. (나는 오늘 수업이 없다.)
- Би хичээл тасалж байгаагүй. (나는 수업을 빼먹은 적이 없다.)
- Би хичээл дээр үзсэнээ давтмаар байна. (나는 수업내용을 복습해야 한다.)
- Би гэрийн даалгавраа хийдэг. (나는 숙제를 한다.)
- Би онц сурдаг. (나는 성적이 좋다.)
- Би төгсөлтийн шалгалтандаа тэнцсэн. (나는 졸업시험에 합격했다.)
- Би конкурсанд унасан. (나는 입학시험에 떨어졌다.)
- Би шалгалтаа дахиж өгөх хэрэгтэй. (나는 재시험을 봐야 한다.)

Дасгал ажил

I. 다음 낱말을 몽골어로 말해 보세요.

(1) 가위	______	(2) 볼펜	______
(3) 지우개	______	(4) 메모지	______
(5) 필통	______	(6) 샤프	______
(7) 연필깎이	______	(8) 압정	______
(9) 전자계산기	______	(10) 풀	______

II. 다음 우리말을 몽골어로 말해 보세요.

(1) 들어오세요. _______________

(2) 들어보세요. _______________

(3) 따라 말해보세요. _______________

(4) 그것이 이해가 안 됩니다. _______________

(5) 질문이 있습니다. _______________

(6) 저는 수학을 잘합니다. _______________

(7) 나는 그 시험에 합격했습니다. _______________

몽골의 교육체계 (Монголын боловсролын систем)

Боловсролын байгууллага 교육기관	Хичээлийн жил 학년	Нас 나이
Цэцэрлэг 유아원		4
Сургуулийн бэлтгэл 유치원		5
Дунд сургууль 중학교	Нэгдүгээр анги 1학년	6
	Хоёрдугаар анги 2학년	7
	Гуравдугаар анги 3학년	8
	Дөрөвдүгээр анги 4학년	9
	Тавдугаар анги 5학년	10
	Зургадугаар анги 6학년	11
	Долоодугаар анги 7학년	12
	Наймдугаар анги 8학년	13
Ахлах сургууль / Бүрэн дунд сургууль 고등학교	Есдүгээр анги 9학년	14
	Аравдугаар анги 10학년	15
	Арван нэгдүгээр анги 11학년	16
	Арван хоёрдугаар анги 12학년	17
Их сургууль 대학교	Бакалавр 학사	~
Дээд сургууль 대학	Магистр 석사	~
Мэргэжлийн сургууль 전문대학	Доктор 박사 ~	

몽골의 학교 교육제도는 주에 따라 다르다. 만 6세부터 12년 동안 학교 교육의 의무이다. 즉, 9년간 학교 내 의무교육을 받아야 하고, 3년간 부분적으로 의무교육을 받는다. 종교단체가 운영하는 학교와 사립학교가 있지만, 대부분은 국립이다.

대부분의 어린이들은 만 3세가 되면 유아원에 다닌다. 6살에는 초등학교에 입학하여 4년간 다니다. (베를린과 브란덴부르크 주에서는 6년이다.)

초등학교 교육 이후 각자의 능력이나 관심에 따라서 다양한 유형의 학교에 진학한다. 일부는 하우프트슐레로 가는데, 여기서는 일반 기본 교육을 받는다. 하우프트슐레를 마치면, 대부분의 학생들은 직업교육을 받게 된다. 이 과정 동안에는 직업학교와도 연결되어 있다. 다른 학생들은 레알슐레에 가는데, 여기서는 특히 실업 또는 기술 직업을 준비한다. 10학년을 마치면 중간학력(mittlere Reife)을 인정받게 된다. 또 다른 그룹은 김나지움에 진학하는데, 여기서는 대학교육을 준비한다. 보통 18-19세에 아비투어를 보고 과정을 마친다.

또 다른 학교유형으로는 종합학교가 있는데, 이것은 앞에서 말한 3가지 유형의 학교를 한곳에 모은 것이다.

- Би өдөр бүр 6 цагийн хичээлтэй.
  (하루에 6시간씩 수업이 있습니다.)
- Сургуулийн чинь хичээл бүр заавал үзэх ёстой хичээл үү?
  (너희 학교에서는 모든 과목이 필수이수과목이니?)
- Үгүй, зарим нь сонгох хичээлүүд.
  (아니, 몇 과목은 선택과목이야.)
- Би монгол хэлний ангийн оюутан.
  (저는 몽골어과 학생입니다.)
- Их сургуульд орохын тулд Элсэлтийн ерөнхий шалгалт өгөх ёстой.
  (대학에서 공부하려면 아비투어를 치러야 한다.)
- Их сургуульд сурахын тулд төгсөлтийн шалгалтанд тэнцэх ёстой.
  (대학에 들어가기 위해서는 입학에 합격해야 한다.)
- Тэр Сөүлийн үндэсний Их Сургуульд анагаах ухааны чиглэлээр суралцдаг.
  (그는 서울대학교에서 의학을 공부한다.)
- Тэр эрх зүйн ангийн оюутны хувьд "Их засаг" их сургуульд суралцдаг.
  (그는 법학과 학생으로 "이흐 자삭" 대학교에서 공부를 한다.)

학교 졸업 сургууль төгсөх	교장 сургуулийн захирал
학생회장 хичээлийн эрхлэгч	학교제도 боловсролын систем
학교친구 сургуулийн найз	야간학교 оройн анги
종일학교 өдрийн анги	남학교 хөвгүүдийн сургууль
여학교 охидын сургууль	직업학교 мэргэжил олгох сургууль
사립학교 хувийн сургууль	

교과목 (Хичээл)

수학 математик	몽골어 монгол хэл	영어 англи хэл
역사 түүх	사회 нийгэм	지리 газар зүй
물리 физик	화학 хими	생물 биологи
미술 дүрслэх урлаг	음악 дуу хөгжим	체육 спорт
윤리 ёс зүй		

아래는 몽골의 고등학교 졸업 증명서입니다.

Ⅰ. 다음 낱말을 몽골어로 말해 보세요.

 (1) 유아원   (2) 초등학교

 (3) 중등학교(3가지 유형)   (4) 대학(교)

 (5) 교장   (6) 학생회장

 (7) 학교 친구   (8) 역사

 (9) 미술   (10) 직업학교

Ⅱ. 다음 우리말을 몽골어로 말해 보세요.

 (1) 저는 몽골어과 학생입니다.

 (2) 저는 외국어대학교에서 몽골어를 공부하고 있습니다.

 (3) 나는 일주일에 20시간 수업이 있습니다.

 (4) 몽골어는 전공과목입니다.

 (5) 한국에서는 6살에 초등학교에 입학한다.

15 은행 (Банк)

5 төгрөг	500 төгрөг
10 төгрөг	1000 төгрөг
20 төгрөг	5000 төгрөг
50 төгрөг	10000 төгрөг
100 төгрөг	20000 төгрөг

1мөнгө
2 мөнгө
5 мөнгө
10 мөнгө
15 мөнгө
20 мөнгө
50 мөнгө

Зоосон мөнгийг
1990-ээд оноос
хийхээ больсон.
동전을 1990년대 이후
로 사용하지 않고 있다.

■ 현금인출기에서 (Мөнгөний автомат машинд)

- Та картаа хийнэ үү. (카드를 넣으세요.)
- Нууц дугаараа оруулна уу.
  (비밀번호를 입력하세요.)
- Та түр хүлээнэ үү. (잠시만 기다리세요.)
- Энэ карт хүчингүй байна.
  (유효하지 않은 카드입니다.)
- Та авах мөнгөнийхөө тоог оруулна уу.
(인출하실 금액을 입력하세요.)
- Баталгаажуулах товчлуурыг дарна уу.
  (확인 버튼을 누르세요.)
- Мөнгө одоо гарч ирнэ.
  (지금 현금을 세고 있습니다.)
- Та карт, баримтаа аваарай.
(카드와 명세표를 받으세요.)
- Та мөнгөө аваарай. (현금을 받으세요.)

통화 мөнгөн гуйвуулга	계좌 данс	수표 чек
수표책 чекний баримт	신용카드 кредит карт	
직불카드 бэлэн мөнгөний карт	계좌번호 дансны дугаар	

- Дансны дугаараа хэлнэ үү. (고객님의 계좌번호 부탁합니다.)
- Би данс нээлгэмээр байна. (계좌를 개설하고 싶습니다.)
- Та паспорт буюу бусад баримт бичгээ үзүүлнэ үү?
  (제게 여권이나 다른 신분증을 보여주세요.)
- Та энэ хуудсыг бөглөнө үү. (이 서류 양식을 채워주세요.)
- Та доор нь гарын үсгээ зураарай. (여기 아래에 서명하십시오.)
- Би мянган евро дансанд хиймээр байна.
  (저는 1,000유로를 입금하겠습니다.)
- Би данснаас мөнгө авмаар байна. (예금을 찾고 싶습니다.)
- Дансны мэдүүлэг авч болох уу?
  (계좌의 거래명세서를 받을 수 있나요?)
- Би мөнгө шилжүүлэх гэсэн юм. (돈을 이체하고 싶습니다.)
- Миний чек дуусч байна. Шинэ чекний баримт худалдаж авах хэрэгтэй.
  (수표가 거의 없습니다. 새 수표책이 필요합니다.)

예금통장 хадгаламжийн дэвтэр	은행계좌 данс	
은행코드 банкны код	계좌번호 дансны дугаар	
공제/원천징수 шимтгэл	금액 мөнгөний хэмжээ	
동전 зоос	송금, 이체 мөнгөн гуйвуулга	
송금하다 мөнгө гуйвуулах	이체하다 гүйлгээ хийх	
송금서류 гүйлгээний маягт	수수료 төлбөр	
수표 чек	신용카드 зээлийн карт	
액면금액 нэрлэсэн үнэ	이율 хүүгийн хэмжээ	
이자 хүү	입금하다 мөнгө хийх	
출금하다 мөнгө авах	입출금 명세서 дансны мэдүүлэг	
자동이체 тогтмол данснаас төлбөр хийх	잔고 дансны үлдэгдэл	
지폐 мөнгөн дэвсгэрт	채권자 зээлдүүлэгч	
채무자 зээлдэгч	합계금액 нийт мөнгөний дүн	
현금자동인출기 бэлэн мөнгөний автомат машин	현금 бэлэн мөнгө	

화폐 цаасан мөнгө, мөнгөн дэвсгэрт	환율 валютын ханш
환전창구 мөнгө солих цонх	
환전 мөнгө солих, валют солих	

Ⅰ. 다음 우리말을 몽골어로 말해 보세요.

(1) 계좌　　　　　＿＿＿＿＿＿＿＿＿＿＿＿＿＿

(2) 수표　　　　　＿＿＿＿＿＿＿＿＿＿＿＿＿＿

(3) 신용카드　　　＿＿＿＿＿＿＿＿＿＿＿＿＿＿

(4) 수수료　　　　＿＿＿＿＿＿＿＿＿＿＿＿＿＿

(5) 채무자　　　　＿＿＿＿＿＿＿＿＿＿＿＿＿＿

(6) 이체하다　　　＿＿＿＿＿＿＿＿＿＿＿＿＿＿

(7) 잔고　　　　　＿＿＿＿＿＿＿＿＿＿＿＿＿＿

(8) 지폐　　　　　＿＿＿＿＿＿＿＿＿＿＿＿＿＿

(9) 환율　　　　　＿＿＿＿＿＿＿＿＿＿＿＿＿＿

(10) 환전　　　　＿＿＿＿＿＿＿＿＿＿＿＿＿＿

Ⅱ. 다음 우리말을 몽골어로 말해 보세요.

(1) 잠시만 기다리세요.

　＿＿＿＿＿＿＿＿＿＿＿＿＿＿＿＿＿＿＿＿＿

(2) 계좌를 개설하고 싶습니다.

　＿＿＿＿＿＿＿＿＿＿＿＿＿＿＿＿＿＿＿＿＿

(3) 이 서류 양식을 작성해 주세요.

　＿＿＿＿＿＿＿＿＿＿＿＿＿＿＿＿＿＿＿＿＿

(4) 예금을 찾고 싶습니다.

　＿＿＿＿＿＿＿＿＿＿＿＿＿＿＿＿＿＿＿＿＿

(5) 돈을 송금하고 싶습니다.

　＿＿＿＿＿＿＿＿＿＿＿＿＿＿＿＿＿＿＿＿＿

우체국 (Шуудан)

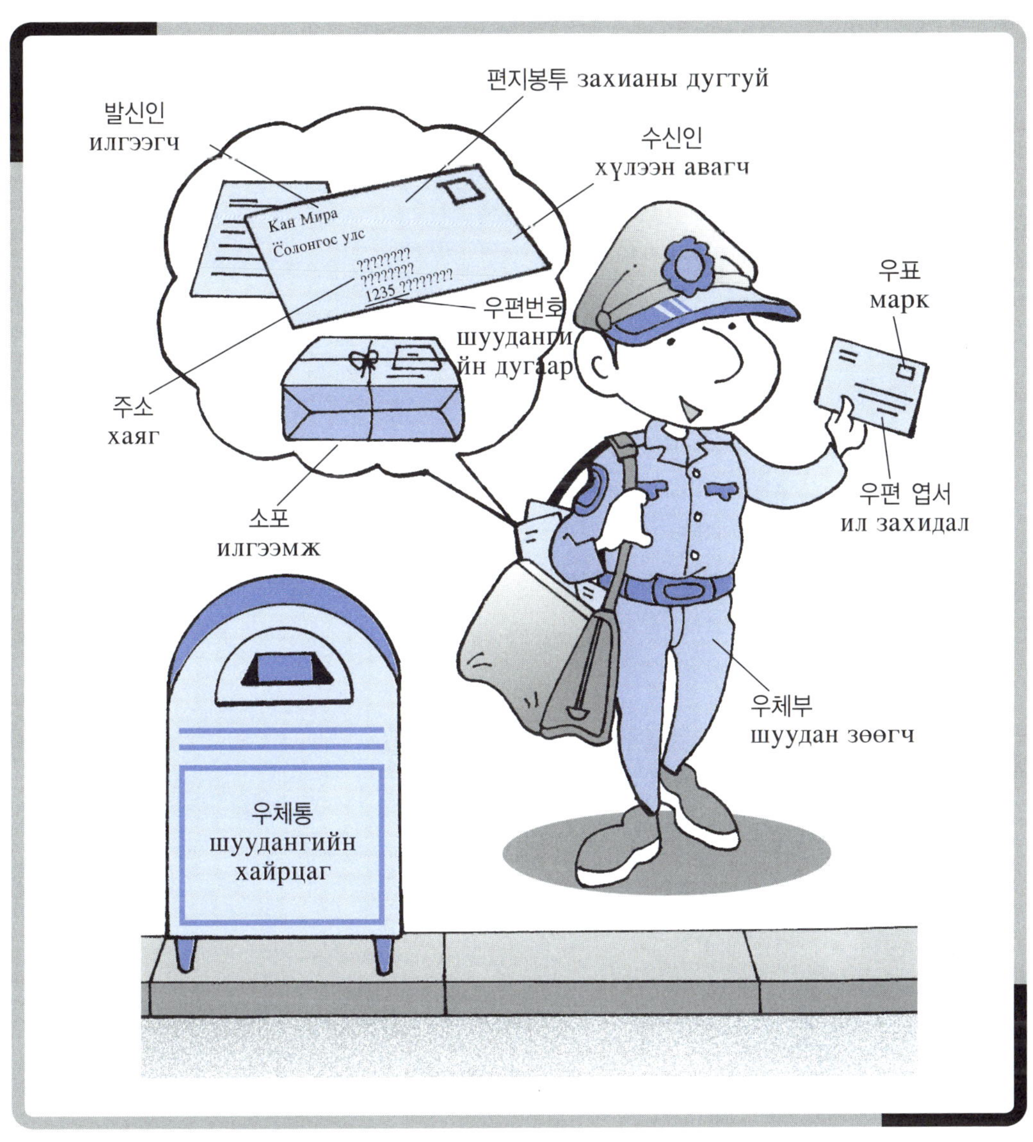

전보 цахилгаан мэдээ

택배 гэрийн хаягаар хүргэх

택배 서비스 хүргэх үйлчилгээ

포장 сав, баглаа, боодол

포장하다 boox

우편물 шуудан

영수증 баримт

편지/소포에 우표를 붙이다 захидал, илгээмж дээр марк наах

- Шуудан хаана байдаг вэ?
  (우체국은 어디입니까?)

- Марк хаанаас авах вэ?/ Марк хаана зардаг вэ?
  (우표는 어디에서 살 수 있습니까?)

- Энэ захиаг шуудангийн салбараар илгээнэ үү.
  (이 편지를 등기로 부쳐 주세요.)

- Энэ захиаг онгоцоор явуулмаар байна.
  (이 편지를 항공편으로 보내고 싶습니다.)

- Үүнийг илгээхэд хэдийг төлөх вэ?
  (이 우편물의 요금은 얼마입니까?)

- Үүнийг илгээмжээр явуулах гэсэн юм.
  (이것을 소포로 보내고 싶습니다.)

- Энэ илгээмж дотор юу байгаа вэ?
  (이 소포 안에는 무엇이 들어있습니까?)

- Жингийн хэмжээ хэтэрсэн байна. Та мөнгө нэмж төлнө үү.
  (기본 중량이 조금 초과되었습니다. 돈을 더 지불하셔야 합니다.)

- Солонгос руу хэд хонож очих вэ?
  (한국까지 얼마나 걸립니까?)

운편요금	шуудан илгээсний төлбөр
운편요금 무료	илгээхэд төлбөргүй
발송인 부담으로	илгээгч өөрөө төлөх
수취인 부담으로	хүлээн авагч өөрөө төлөх
등기로	шуудангийн салбараар илгээх
속달	яаралтай захидал
항공우편으로	агаарын шуудангаар
선편으로	далайгаар
소포	илгээмж

Ⅰ. 다음 우리말을 몽골어로 말해 보세요.

(1) 발신인　＿＿＿＿＿＿＿＿＿＿＿＿＿

(2) 편지봉투　＿＿＿＿＿＿＿＿＿＿＿＿＿

(3) 소포　＿＿＿＿＿＿＿＿＿＿＿＿＿

(4) 우체통　＿＿＿＿＿＿＿＿＿＿＿＿＿

(5) 수신인　＿＿＿＿＿＿＿＿＿＿＿＿＿

(6) 우편엽서　＿＿＿＿＿＿＿＿＿＿＿＿＿

(7) 우표　＿＿＿＿＿＿＿＿＿＿＿＿＿

(8) 포장　＿＿＿＿＿＿＿＿＿＿＿＿＿

(9) 영수증　＿＿＿＿＿＿＿＿＿＿＿＿＿

(10) 등기　＿＿＿＿＿＿＿＿＿＿＿＿＿

Ⅱ. 다음 우리말을 몽골어로 말해 보세요.

(1) 우체국이 어디에 있습니까?

＿＿＿＿＿＿＿＿＿＿＿＿＿＿＿＿＿＿＿＿＿

(2) 어디에서 우표를 살 수 있습니까?

＿＿＿＿＿＿＿＿＿＿＿＿＿＿＿＿＿＿＿＿＿

(3) 이것을 소포로 보내고 싶습니다.

＿＿＿＿＿＿＿＿＿＿＿＿＿＿＿＿＿＿＿＿＿

(4) 이 소포에 무엇이 들어있습니까?

＿＿＿＿＿＿＿＿＿＿＿＿＿＿＿＿＿＿＿＿＿

(5) 돈을 더 지불하셔야 합니다.

＿＿＿＿＿＿＿＿＿＿＿＿＿＿＿＿＿＿＿＿＿

17 스포츠 (Спорт)

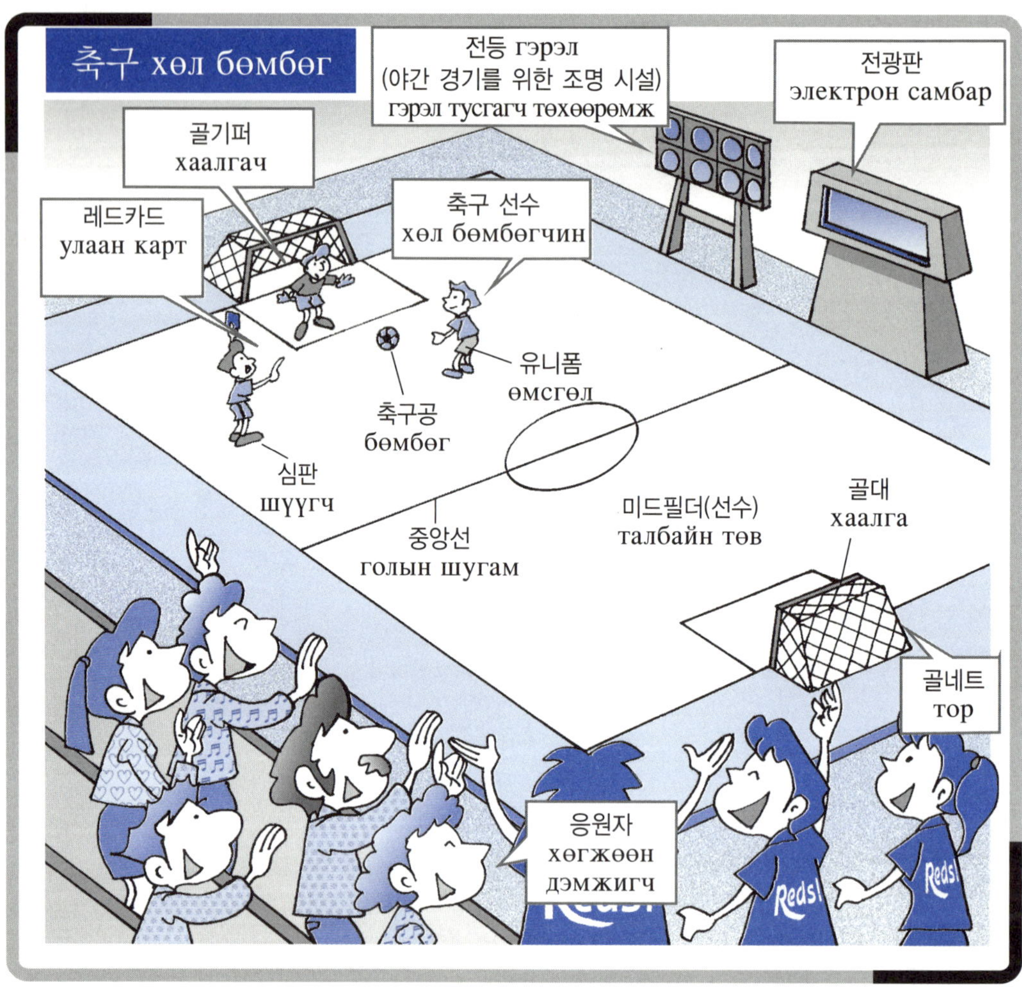

페널티 에어리어 пеналтийн тойрог	잔디 зүлэг
관중들 үзэгч	관중석 үзэгчдийн суудал
코치 дасгалжуулагч	하프타임 хагас үе
월드컵 хөл бөмбөгийн дэлхийн аварга шалгаруулах тэмцээн	
국가대표 축구팀 хөл бөмбөгийн үндэсний шигшээ баг	
선수 тоглогч	연장 нэмэлт цаг

경기 тоглолт, тэмцээн

페널티 метрийн цохилт, торгуулийн цохилт

자살골 авто гоол, өөрийн хаалганд хийх

업사이드 отон тоглолт

옐로우카드 шар карт

슈팅 цохилт

득점하다 хаалганд бөмбөг оруулах

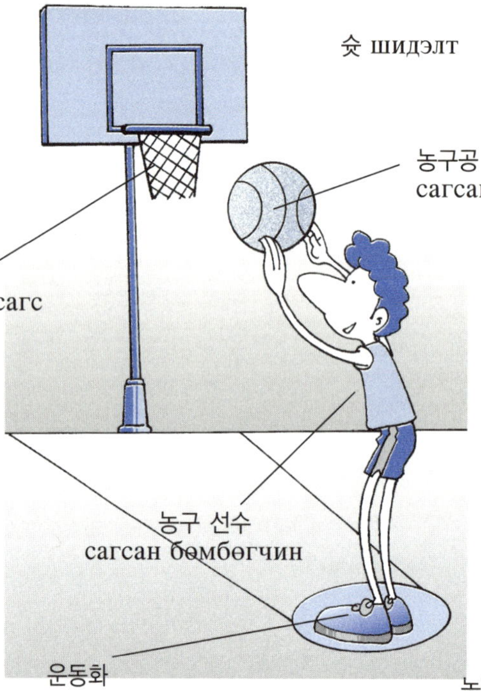

 운동 종목 《Спортын төрөл》

■ Би … тоглодог (행위자/선수: …–чин, … тоглогч)

배드민턴, 배드민턴 하는 사람/배드민턴 선수
бадминтон, агаарын теннис/ агаарын теннисчин

야구, 야구하는 사람/야구 선수 бэйсбол/бэйсболчин

농구 сагсан бөмбөг	당구 биллиард
아이스하키 (мөсний) хоккей	축구 хөл бөмбөг
골프 голф	핸드볼 гар бөмбөг
하키 хоккей	크리켓 крикет
럭비 рэгби	스쿼시 скүаш
테니스 агаарын теннис	탁구 ширээний теннис
배구 воллейбол / гар бөмбөг	

에어로빅 агаарын гимнастик	합기도 аикидо
낚시 загасчлах	등산 ууланд авирах
랠리자동차경주 холын замын машины уралдаан	
자동차 경주 хурдны машины уралдаан	
열기구 агаарын бөмбөлөг унах	볼링 боулинг
양궁, 양궁을 하는 사람/양궁 선수 байт харваа, харваач	
권투, 복시 бокс, боксчин	원반던지기 зээрэнцэг шидэлт
피겨스케이트 уран гулгалт	스피드스케이트 тэшүүрийн уралдаан
펜싱 туялзуур жадаар байлдах	역도 хүндийн өргөлт
행글라이더 савлууртай дасгал	높이 뛰기 өндрийн харайлт
인라인 스케이팅 ролликоор гулгах	조깅 гүйх
유도 жүдо	무술 тулааны урлаг
가라데 карате	포환던지기 бөөрөнцөг шидэх
육상 хөнгөн атлетик	오토바이 경주 мотоциклийн уралдаан
다트 жад шидэлт	사이클 дугуйн уралдаан
승마 морь унах	롤러스케이트 ролликоор гулгах
조정 сэлүүрт завиар хичээллэх	스케이트 тэшүүрээр гулгах
달리기 гүйлт	수영 усанд сэлэлт
범선 далбаат завиар явах	스키 цанаар гулгах
서핑 далайн давалгаанд гулгах	태권도 таеквондо
댄스 бүжиг	잠수 усанд шумбах
하이킹 явган аялах	수상스키 усны цанаар гулгах
수상스포츠 усан спорт	넓이 뛰기 уртын харайлт
윈드서핑 далбаат завиар гулгах	동계스포츠 өвлийн спорт
레슬링 бөх барилдах	

운동선수들 (ТАМИРЧИД)

권투선수 боксчин	레슬링선수 бөх	수영선수 сэлэгч
승마선수 морьтон, морь унагч		역도선수 хүндийг өргөгч
육상선수 атлетикч	자전거 경주자 дугуйн спортын тамирчин	
잠수부 шумбагч	축구선수 хөл бөмбөгчин	
테니스선수 теннисчин		

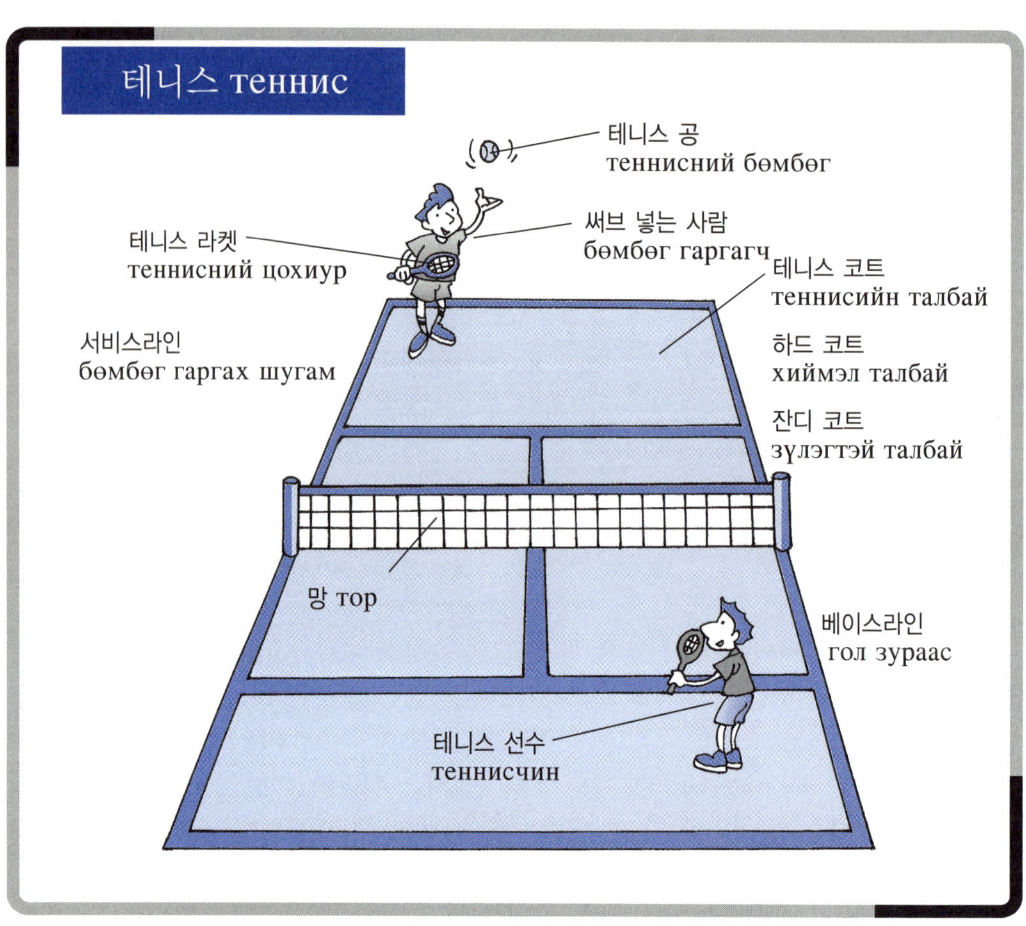

테니스 공 **теннисний бөмбөг**	테니스 클럽 **теннисний клуб**
테니스 코트 **теннисний талбай**	테니스 라켓 **теннисний цохиур**
테니스 강사 **теннисний багш**	테니스 시합 **теннисний тэмцээн**
테니스 경기 **теннисний тоглолт**	테니스 선수 **теннисчин**
테니스 대회 **теннисний цомын тэмцээн**	

실내 테니스 **дотор тоглодог теннис**	잔디 테니스 **задгай талбайн теннис**

남자단식 **эрэгтэй ганцаарчилсан төрөл**	
여자단식 **эмэгтэй ганцаарчилсан төрөл**	
남자복식 **эрэгтэй хосолсон төрөл**	여자복식 **эмэгтэй хосолсон төрөл**

듀스 тэнцүү, тэнцэл, дьюс	게임 тоглолт
매치 (нэг хүнтэй хийсэн) тоглолт	세트 цуврал тоглолт
서브 지역 гаргах талбай	서브 гаргалт
스트로크 гаргалтаар оноо авах	발리 воллейбол/ гар бөмбөг
하프발리 авалт	드라이브 хол, хүчтэй цохих
톱스핀 эргэлттэй бөмбөг	스매시 хүчтэй цохисон бөмбөг
어드밴티지 илүү, давуу	아웃 гадаа, гарсан
앨리 сул зай, нарийн зай	
세트포인트 цуврал тоглолтын хожлын оноо	
로브 торонд ойрхон ирсэн бөмбөгийг цохих	
슬라이스 эсгэж цохисон, баруун эргэлттэй бөмбөг	
드롭샷 дөнгөж тор давуулсан, маш бага ойдог бөмбөг	
에이스 цэвэр оноо, гаргалтаар шууд авсан оноо	

수영하다 сэлэх	올라가다 шумбаад гарч ирэх
잠수하다 шумбах	달리다 гүйх
뛰다 уралдах	기어오르다 авирч гарах, авирах
패달을 밟다 жийх, дугуй унах	훈련하다 бэлтгэл, сургуулилт хийх

테니스 теннис	전통 운동 үндэсний спорт
몽골 씨름 монгол бөх	씨름 선수 бөх
말 경주 морины уралдаан	양궁 сурын харваа
유도 чөлөөт бөх	권투 бокс

- Та спортоор хичээллэдэг үү? (운동을 하십니까?)
  – Тийм ээ, би тэннис тоглодог. (테니스를 칩니다.)
- Та спортоор хичээллэх дуртай юу? (운동을 즐기십니까?)
  – Үгүй, би спортод дургүй. (아니오, 나는 운동 싫어합니다.)
  – Үгүй, би спортоор хичээллэдэггүй.
  (아니오, 나는 운동 거의 안 합니다.)

• Та ямар спортоор хичээллэх дуртай вэ? (어떤 운동을 즐겨 하십니까?)
  −Би сэлэх дуртай. (저는 수영을 좋아합니다.)
  −Би хөл бөмбөг/теннис/ширээний теннис тоглох дуртай.
   (저는 축구/테니스/탁구를 좋아합니다.)
  −Би дугуй унах/цанаар гулгах дуртай.
   (저는 자전거/스키 타기를 좋아합니다.)
  −Би морь унах дуртай. (저는 승마를 좋아합니다.)

Ⅰ. 다음 우리말을 몽골어로 말해 보세요.

　　(1) 골키퍼　　　　＿＿＿＿＿＿＿＿＿＿＿＿

　　(2) 레드카드　　　＿＿＿＿＿＿＿＿＿＿＿＿

　　(3) 관중　　　　　＿＿＿＿＿＿＿＿＿＿＿＿

　　(4) 월드컵　　　　＿＿＿＿＿＿＿＿＿＿＿＿

　　(5) (축구)슈팅　　＿＿＿＿＿＿＿＿＿＿＿＿

　　(6) 등산　　　　　＿＿＿＿＿＿＿＿＿＿＿＿

　　(7) 하이킹　　　　＿＿＿＿＿＿＿＿＿＿＿＿

　　(8) 역도　　　　　＿＿＿＿＿＿＿＿＿＿＿＿

　　(9) 펜싱　　　　　＿＿＿＿＿＿＿＿＿＿＿＿

　　(10) 무술　　　　＿＿＿＿＿＿＿＿＿＿＿＿

Ⅱ. 다음 우리말을 몽골어로 말해 보세요.

　　(1) 운동을 좋아하십니까?

　　＿＿＿＿＿＿＿＿＿＿＿＿＿＿＿＿＿＿＿＿

　　(2) 아니오, 저는 운동을 거의 하지 않습니다.

　　＿＿＿＿＿＿＿＿＿＿＿＿＿＿＿＿＿＿＿＿

　　(3) 저는 테니스 치는 것을 좋아합니다.

　　＿＿＿＿＿＿＿＿＿＿＿＿＿＿＿＿＿＿＿＿

　　(4) 저는 자전거 타기를 좋아합니다.

　　＿＿＿＿＿＿＿＿＿＿＿＿＿＿＿＿＿＿＿＿

　　(5) 저는 스키 타기를 좋아합니다.

　　＿＿＿＿＿＿＿＿＿＿＿＿＿＿＿＿＿＿＿＿

취미 (Хобби)

우표수집하다
марк цуглуулах

낚시하다
загасчлах

사냥하다
анд явах

사진찍다
зураг авах

그림을 그리다
зураг зурах

범선을 항해하다
далбаат завиар явах

등산하다
ууланд авирах

도자기 만들다
ваар, шаазан хийх

뜨개질하다　　　실타래
юм нэхэх　　　ноосон утас

연을 날리다
цаасан шувуу
хөөргөх

영화관에 가다
кино үзэхээр явах

극장에 가다
жүжиг үзэхээр явах

화초가꾸다
цэцэг, ногоо тарих

카드놀이하다
хөзөр тоглох

체스하다
шатар тоглох

바이올린 연주하다
хуур, хийл тоглох

목공일하다
мужааны ажил хийх

컴퓨터 게임을 하다
компьютерийн тоглоом
тоглох

- Та чөлөөт цагаараа юу хийдэг вэ?
  (여가시간에는 무엇을 하십니까?)
  - Би чөлөөт цагаараа ганцааараа байх дуртай.
    (나는 혼자서 여가시간을 보내기를 좋아한다.)
  - Би чөлөөт цагаараа кинонд/театр/музей рүү/концертонд явах дуртай.
    (저는 여가시간에 영화관/극장/박물관/연주회에 가는 것을 좋아합니다.)

- Чиний хобби юу вэ?
  (네 취미가 뭐니?)
  - Би хөгжим сонсох дуртай.
    (나는 음악 듣는 것을 좋아해.)
  - Би явж бүжиглэх дуртай.
    (나는 춤추러 가는 것을 좋아해.)
  - Би салса/мамбо/танго бүжиглэх дуртай.
    (나는 살사/맘보/탱고 추는 것을 좋아해.)
  - Би ном унших дуртай.
    (나는 독서를 좋아해.)
  - Би гадуур явах дуртай.
    (나는 외출을 좋아해.)

- Та хөгжим сонсох дуртай юу?
  (음악 듣는 것 좋아해요?)
- Та спортоор хичээллэх дуртай юу?
  (운동하는 것 좋아해요?)

■ **Би + (관사 없이)** толгодог. **악기/게임/운동**

- Би төгөлдөр хуур тоглодог.
  (나는 피아노를 연주한다.)
- Би го даам тоглодог.
  (나는 바둑을 둔다.)
- Би хөл бөмбөг тоглодог.
  (나는 축구를 한다.)

Ⅰ. 다음 표현을 몽골어로 말해 보세요.

    (1) 낚시하다　　　　　_______________________

    (2) 그림을 그리다　　　_______________________

    (3) 등산을 하다　　　　_______________________

    (4) 영화관에 가다　　　_______________________

    (5) 화초를 가꾸다　　　_______________________

    (6) 체스하다　　　　　_______________________

    (7) 컴퓨터 오락을 하다　_______________________

    (8) 뜨개질하다　　　　_______________________

Ⅱ. 다음 우리말을 몽골어로 말해 보세요.

    (1) 여가시간에는 무엇을 하십니까?

    ____

    (2) 취미가 무엇입니까?

    ____

    (3) 저는 음악 듣는 것을 좋아합니다.

    ____

    (4) 저는 수영을 즐깁니다.

    ____

    (5) 제 취미는 등산입니다.

    ____

후라이펜
хайруулын таваг

남비
тогоо

남비뚜껑
тогооны таг

압력솥
түргэн тогоо

여과장치 된 커피포트
кофены машин

믹서기
миксер

저울
жинлүүр

토스터
талх шарагч

머그잔
сэнжтэй аяга,
кофены аяга

병따개
ундааны таг
онгойлгогч

포도주따개
үйсэн бөглөө онгойлгогч,
дарс онгойлгогч

주전자
данх

도마
гамбанз

우묵한 샐러드접시
салатны сав,
төмпөн

국자
хоолны халбага

야채의 물을 빼는 그릇
шүүр

계란 휘젓는 교반기
шигшүүр

계량컵
хэмжээтэй аяга

가위 хайч　　　　　앞치마 хормогч　　　　　강판 үрэгч

주방용 세제 угаагч шингэн, цэвэрлэгээний бодис

깔때기 юүлүүр　　　　　식기 аяга таваг

식기 세트 хоолны халбага, сэрээ　　　　　개수대 тосгуур

철수세미 тогоо хусагч, цэвэрлэгч　　　　　공기(밥) жижиг таваг

쓰레기통 хогийн сав　　　　　냅킨 салфетка, амны алчуур

가스레인지 хийн зуух　　　　　전기레인지 цахилгаан зуух

전자레인지 пэйч, богино долгионы зуух　　　　　냉장고 хөргөгч

냉동실 хөргөгчийн хөлдөөгч　　　　　레몬압착기 нимбэг шахагч

수세미 аяга таваг угаадаг хөөс　　　　　세탁기 угаалгын машин

붙박이장 (ханын) хоолны шүүгээ　　　　　수도꼭지 усны цорго, крант

쓰레기 хог　　　　　식기세척기 аяга таваг угаагч машин

숟가락 халбага　　　　　티스푼 цайны халбага

수프 그릇 шөлний аяга　　　　　오븐 талх барих зуух

요리하다 чанах, хоол хийх　　　　　설거지하다 аяга таваг угаах

식탁보 ширээний алчуур　　　　　접시 таваг

젓가락 савх　　　　　쟁반 дийз, хоол зөөдөг тавиур

포크 сэрээ　　　　　찬장 аяга тавагны тавиур, полк

칼 хутга　　　　　테이블 ширээ

유리 컵/잔 дарсны хундага　　　　　(손잡이 없는) 컵 шилэн аяга, хундага

후드 утаа сорогч　　　　　소켓 залгуур

커피 잔 аяга　　　　　가열 판 халуун баригч тавиур

행주 аяга тавагны алчуур　　　　　젖은 행주 аяга таваг арчих нойтон алчуур

(빵 자르는 톱니) 칼 талхны хутга

한 벌의 스푼, 나이프, 포크 халбага, сэрээ, хутга

• Би хоол хийх их дуртай. (나는 요리하는 것을 무척 좋아한다.)

• Лхагваа сайн тогооч. (락화는 훌륭한 요리사이다.)

• Юндэн мэргэжлийн тогооч. (윤댕은 전문요리사이다.)

• Та өнөө орой юу идмээр байна вэ? (오늘 저녁에 뭘 먹고 싶어요?)

- Би хоол хийнэ. Чи дараа нь аяга тавгаа угаагаарай.
  (내가 요리할게. 너는 나중에 설거지해.)

- Би юу хийх вэ? (제가 무엇을 할까요?)

- Би шоколадтай бялуу хийе. Чи цай чана.
  (나는 초코케이크를 준비할 테니, 넌 차를 끓여라.)

- Та бялуу хийж чадах уу? (너 케이크를 만들 수 있니?)

- Кофены машин залгах залгуур байна уу?
  (커피포트를 꽂을 수 있는 콘센트가 있어요?)

끓이다 буцалгах	삶다 чанах
(빵, 케이크를) 굽다 барих, жигнэх	(고기를) 굽다 шарах
(기름에) 튀기다 тосонд чанах	데치다 буцалсан усанд хийх, буцалгах
익히다 болгох	섞다 холих
휘젓다 хутгах	고추를 넣다 улаан чинжүү хийх
소금을 치다 давслах	양념하다 амтлах
자르다 хэрчих, огтлох	잘게 다지다 жижиглэж татах
후추를 치다 хар чинжүү хийх	껍질을 벗기다 хальслах, арилгах
녹이다 хайлуулах, гэсгээх	

삶은 달걀 чанасан өндөг
완숙 달걀 бүрэн болгож шарсан өндөг
반숙 달걀 хагас болгож шарсан өндөг
달걀 프라이 шарсан өндөг
스크램블 에그 хутгаж шарсан өндөг
오믈렛 өндөгний хучмал

Ⅰ. 다음 낱말을 몽골어로 말해 보세요.

(1) 냄비 ____________________

(2) 압력솥 ____________________

(3) 병따개 ____________________

(4) 포도주따개 ____________________

(5) 국자 ____________________

(6) 주방용 세제 ____________________

(7) 개수대 ____________________

(8) 냉장고 ____________________

(9) 전기레인지 ____________________

(10) 쟁반 ____________________

Ⅱ. 다음 우리말을 몽골어로 말해 보세요.

(1) 나는 요리하는 것을 좋아한다.

____

(2) 제가 무엇을 할까요?

____

(3) 무엇을 드시고 싶습니까?

____

(4) 나는 설거지하기를 좋아하지 않는다.

____

(5) 내가 케이크를 만들게.

____

집안 용품(Гэр ахуйн хэрэгсэл) /
개인 용품(Ариун цэврийн өрөөний хэрэгслүүд)

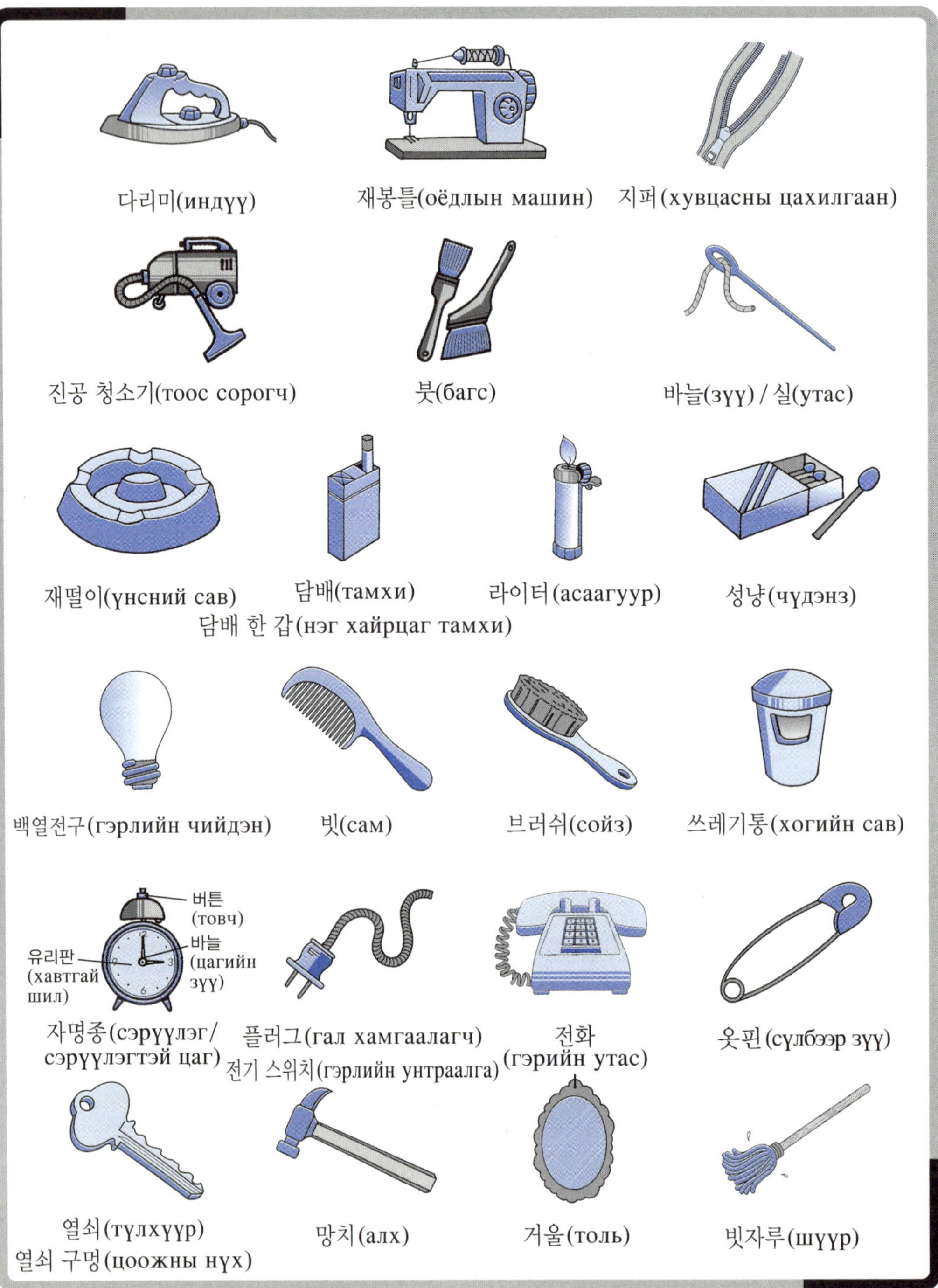

• Танд асаагуур/гал байна уу? (불 좀 빌릴 수 있을까요?)

• Та надад үнсний сав авчирч өгөөч. (재떨이 좀 가져다주세요.)

• Би сэрүүлгээ таван цагт тавьчихсан. (나는 자명종을 5시에 맞췄다.)

• Гэрлийн унтраалга хаана байна вэ? (스위치가 어디 있지?)

• Утас, зүү байвал би оёод өгье.
  (네가 실과 바늘을 가지고 있으면 내가 꿰메줄게.)

• Тэр эмэгтэй үргэлж толинд хардаг. (그녀는 항상 거울을 본다.)

Ⅰ. 다음 낱말을 몽골어로 말해 보세요.

    (1) 다리미 _______________________

    (2) 진공청소기 _______________________

    (3) 라이터 _______________________

    (4) 자명종 _______________________

    (5) 전기 스위치 _______________________

    (6) 옷핀 _______________________

    (7) 열쇠 _______________________

    (8) 빗자루 _______________________

    (9) 거울 _______________________

    (10) 버튼 _______________________

Ⅱ. 다음 우리말을 몽골어로 말해 보세요.

    (1) 불 좀 빌릴 수 있을까요?

    (2) 나는 자명종을 7시에 맞췄다.

    (3) 내 열쇠가 어디 있지?

    (4) 그는 거울을 자주 본다.

    (5) 다리미 좀 가져다 주세요.

욕실 (Угаалгын өрөө, ванны өрөө)

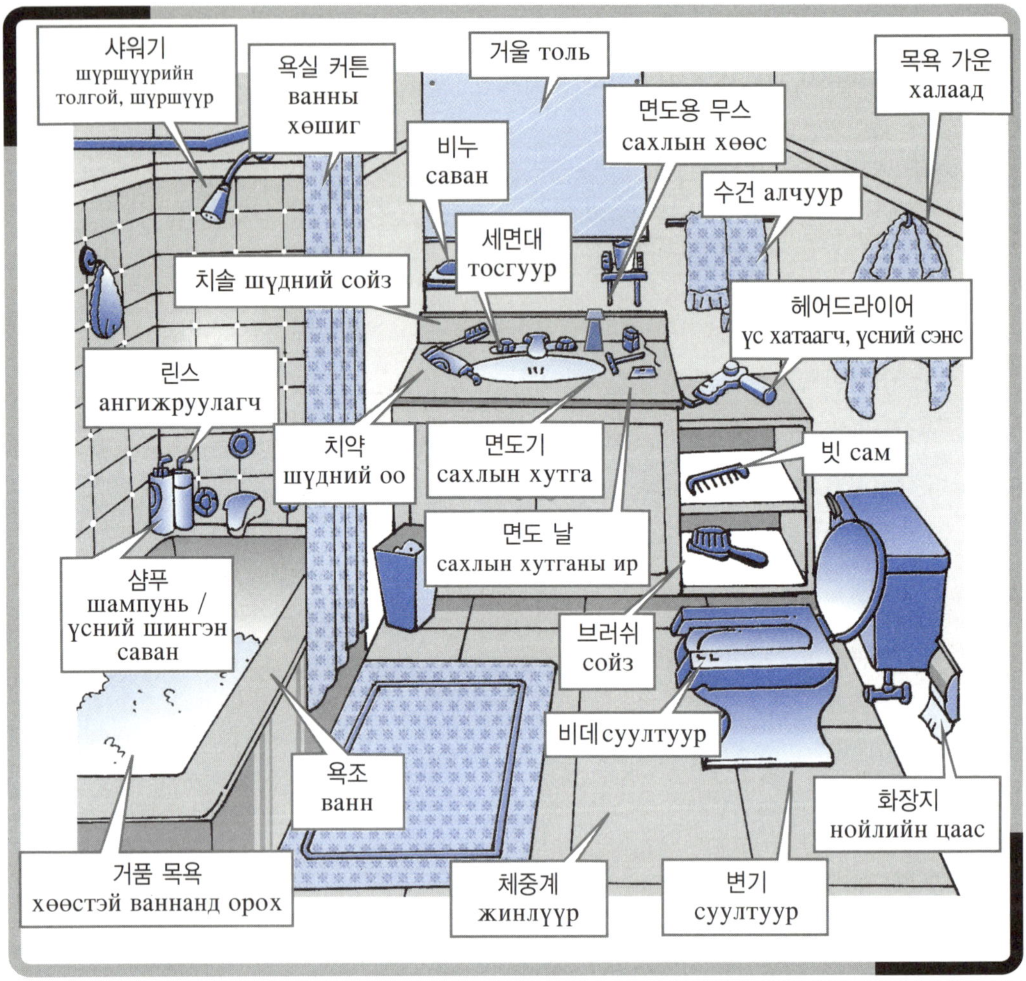

더운물 халуун ус	찬물 хүйтэн ус
플러그 гал хамгаалагч	소켓 залгуур
마개 таг	형광등 неон гэрэл
자동칫솔 цахилгаан сойз	치실 шүд чигчлэгч утас
손톱깎이 хумсны хутга	보디로션 биеийн тос
헤어스프레이 үсний цацлага, тос	샤워 젤 шингэн саван
빨래집게 хувцасны хавчаар	빨래바구니 хувцасны сагс
빨랫줄 хэц	건조대 хувцас хатаагч

Тэр толинд хараад сахлаа хусч байна.
(그가 거울을 보고 면도한다.)

Тэр нүүр гараа угааж байна.
(그가 세수한다.)

Тэр нүүрээ будаж байна.
(그녀가 화장한다.)

Тэр шүршүүрт орж байна.
(그가 샤워한다.)

Тэр усанд орж байна.
(그가 목욕한다.)

Ⅰ. 다음 낱말을 몽골어로 말해 보세요.

(1) 비누 ________________________

(2) 칫솔 ________________________

(3) 면도기 ________________________

(4) 샴푸 ________________________

(5) 체중계 ________________________

(6) 욕조 ________________________

(7) 화장지 ________________________

(8) 린스 ________________________

(9) 빨래집게 ________________________

(10) 건조대 ________________________

Ⅱ. 다음 우리말을 몽골어로 말해 보세요.

(1) 나는 매일 아침 면도를 한다.

____

(2) 나는 욕실에서 세수를 한다.

____

(3) 그녀가 거울 앞에서 화장을 한다.

____

(4) 나는 매일 샤워한다.

____

(5) 매일 저녁 나는 목욕을 한다.

____

자동차 (Машин) / 전철 (Метро) / 자전거 (Дугуй)

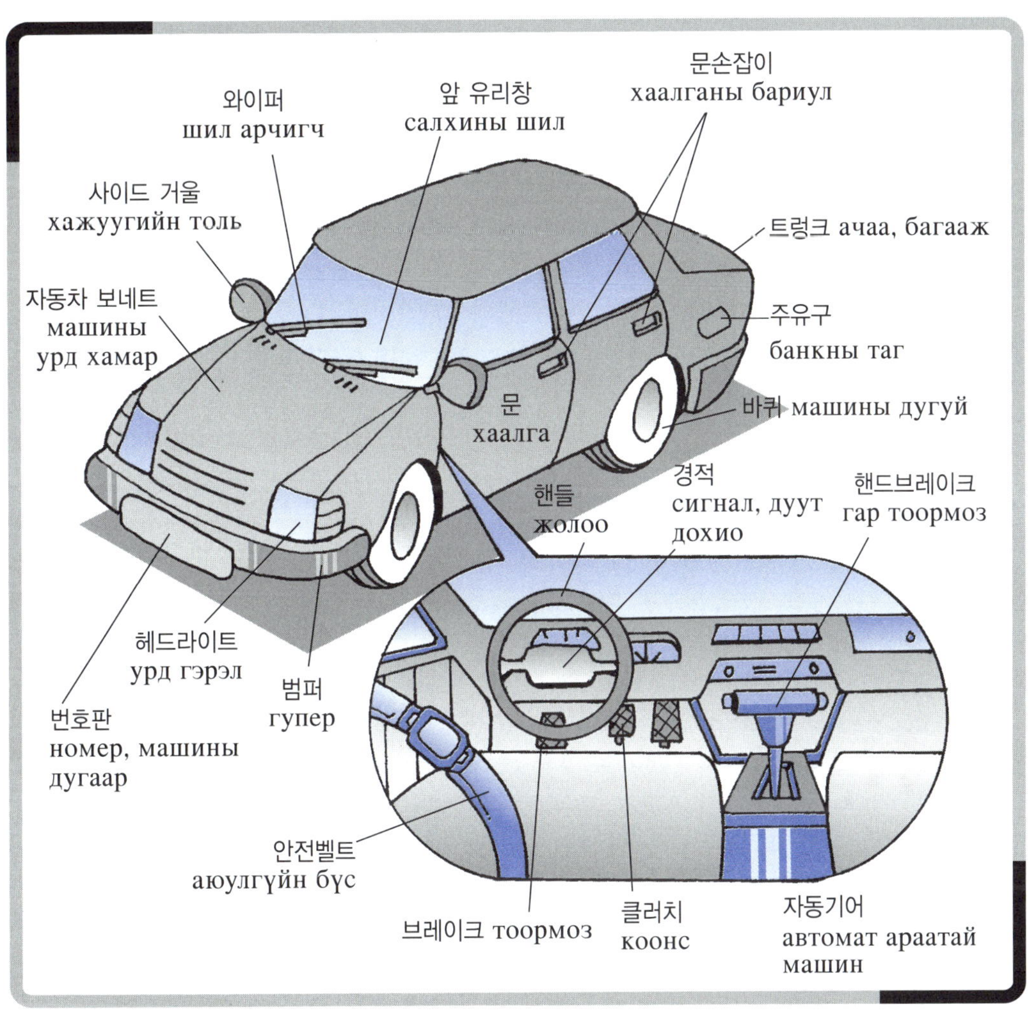

깜빡이등 дохионы гэрэл	열쇠구멍 түлхүүрийн нүх
라디오 радио	모터 мотор
스페어타이어 запас дугуй	배터리 аккумлятор
라디에이터 радиатор	백미러 арын толь
에어컨 хүйтнээр/халуунаар үлээгч	배기관 яндан
머플러 чимээ дарагч	속도계 хурд хэмжигч

선루프 люк	그릴 агаар оруулагч
펜더 кардан	연료탱크 банк, түлшний сав
상향등 холын гэрэл	하향등 ойрын гэрэл
안개등 манангийн гэрэл	후미등 арын гэрэл
오토매틱 автомат хроптой машин	수동기어 гар араатай машин
머리받침 машины суудлын хүзүүний ивээс	

- Би хуучин машин худалдаж авсан. (중고차를 한 대 샀습니다.)
- Энэ түлшээр явдаг машин. (이것은 디젤/경유 자동차입니다.)
- Та машин барьж чадах уу? (운전하실 줄 압니까?)
- Би жолооны үнэмлэхтэй хэдий ч сайн барьж чаддаггүй.
  (나는 운전면허증이 있지만, 운전은 잘 못합니다.)
- Өмнө нь гар араатай машинтай байсан, одоо харин автомат хроптой машин барьж байгаа.
  (옛날에는 수동 자동차를 탔는데, 지금은 오토매틱을 탑니다.)
- Та аюулгүйн бүсээ бүсэлнэ үү. (안전벨트를 매주세요.)

- Та хаазлаад өгөхгүй юу. Би яарч явна.
  (액셀러레이터를 좀 밟으세요. 급합니다.)
- Би хурдаа саахын тулд тоормозолж байна.
  (나는 속도를 줄이기 위해서 브레이크를 밟습니다.)
- Холын гэрлийг яаж асаадаг вэ? (상향등은 어떻게 켭니까?)
- Араа яаж сольдгийг зааж өгөөч. (기어 바꾸는 방법을 보여주세요.)
- Яаж ухардаг вэ? (후진을 하려면 어떻게 합니까?)

- Шатахуун дуусчихаж. Авах хэрэгтэй.
  (연료가 바닥이 났습니다. 주유를 해야 합니다.)
- Шатахуун түгээгүүр ойрхон хаана байдаг вэ?
  (여기 어디에 주유소가 있습니까?)
- 50.000 төгрөгөнд шатахуун хийлгэе. (5만원 어치 넣어주세요.)
- Банк дүүргэчих. (가득 채워주세요.)
- Энд машинаа тавихад тасалбар авах хэрэгтэй.
  (이 주차장은 주차권이 필요합니다.)

- Машин угаалгын газар хаана байдаг вэ? (세차장이 어디 있습니까?)
- Энэ машиныг угааж өгнө үү. (세차해주세요.)
- Машины дотор талыг цэвэрлэж өгнө үү. (자동차 내부를 청소해주세요.)
- Машины цонхыг угааж өгөөч. (앞 유리를 닦아 주세요.)

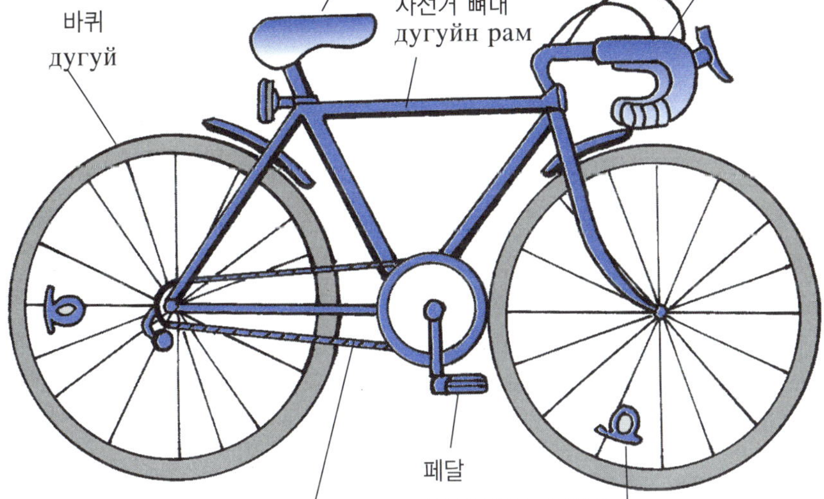

운전자 (Жолооч)

- машины жолооч/автобусны жолооч/таксины жолооч
  (자동차 / 버스 / 택시 기사)
- ачааны машины жолооч (화물차 운전자)
- уралдааны машины жолооч (자동차 경주 선수)
- мотоцикльчин/дугуйчин (오토바이 운전자/자전거 운전자)
- галт тэрэгний жолооч (철도기관사)
- онгоцны нисгэгч (비행기 조종사)
- усан онгоц жолоодогч (항해사)
- хөлгийн ахмад (선장)

 ## 대중교통 수단 (Олон нийтийн тээврийн хэрэгсэл)

- Такси хаанаас барих вэ?/Такси хаана зогсдог вэ?
  (택시 타는 곳이 어디입니까?)
- Надад такси дуудаж өгөөч. (택시 한 대 불러주세요.)
- Вокзал хүртэл хэд гарах вэ? (역까지 얼마입니까?)
- Би энд бууя. (여기 내려주세요.)
- Энд зогсоно уу. (여기 세워주세요.)
- Тэр гарцны ойр буулгана уу. (저기 횡단보도에 내려주세요.)
- Хэдийг төлөх вэ? (요금은 얼마죠?)
- Энэ автобус хотын захиргаа орох уу?
  (이 버스가 시청으로 갑니까?)
- Хотоор тойрон аялах автобус бий юу?
  (시내일주 관광버스는 있나요?)
- Өдрийн/хагас өдрийн зугаалга байдаг уу?
  (하루/반나절 코스는 없나요?)

 ## 자동차의 문제점들 (Авто машины эвдрэл, гэмтэл)

- Машин эвдэрчихлээ. (내 차에 고장이 났다.)
- Мотор хэт их халчихаж. (엔진 과열이다.)
- Машинаа ачуулж явах хэрэгтэй байна. (내 차가 견인되어야 한다.)
- Би ачих машин дуудах хэрэгтэй байна. (견인차를 불러야 한다.)
- Засварчин машин засч байна.
  (자동차 정비공이 자동차를 수리합니다.)
- Та миний машиныг өнөөдрийн дотор засч амжих уу?
  (내 차를 오늘 안으로 수리해주실 수 있습니까?)
- Дугуй хагарчихлаа. (타이어에 펑크가 났다.)
- Би энэ дугуйг солиулмаар байна.
  (이 타이어를 교환해 주세요.)
- Танд запас дугуй бий юу? (스페어타이어가 있습니까?)
- Машины зүүн тал зурагдчихаж.
  (왼쪽 앞 측면에 흠집이 하나 있습니다.)

- Машин асахгүй байна. (시동이 안 걸립니다.)
- Энэ спорт машин цагт 280 км хүртэл хурдалдаг.
  (이 스포츠카로는 시속 280km까지 달리 수 있습니다.)
- Зүүн талын дохионы гэрэл шатчихаж.
  (왼쪽 깜빡이등이 고장 났습니다.)
- Тоормозлоход дуутай болчихож.
  (브레이크에서 소리가 납니다.)
- Тоормоз сайн барихгүй байна.
  (브레이크가 잘 들지 않습니다.)
- Та моторын тосоо үзнэ үү. (엔진 오일을 체크해주세요.)
- Тос дуусч байна. (오일이 새고 있습니다.)
- Би моторын тосоо солиулах хэрэгтэй байна.
  (엔진 오일을 갈아야 합니다.)
- Тосоо солих цаг болжээ. (엔진 오일을 갈아야 할 때가 되었습니다.)
- Та усаа үзнэ үү. (냉각수를 점검해 주세요.)
- Та дугуйныхаа хийг шалгана уу. (바퀴의 공기압을 점검해 주세요.)
- Аккумлятор суучихаж. (배터리가 방전되었습니다.)

차량 종류

승용차 хүн тээврийн машин (PKW)	
화물차(트럭) ачааны машин (LKW)	
연결식 트레일러 трактор	
관광버스 жуулчны автобус	
캠핑카 сууц болгож тохижуулсан машин	
스포츠카 спорт машин	
오토바이 мотоцикл	
2인용 자전거 чиргүүлтэй машин	

Ⅰ. 다음 낱말을 몽골어로 말해 보세요.

(1) 와이퍼 ______________________

(2) 자동차 보닛 ______________________

(3) (자동차) 핸들 ______________________

(4) 클러치 ______________________

(5) 깜빡이등 ______________________

(6) 백미러 ______________________

(7) (자전거) 핸들 ______________________

(8) 체인 ______________________

(9) 페달 ______________________

(10) 트럭 ______________________

Ⅱ. 다음 우리말을 몽골어로 말해 보세요.

(1) 자동차의 시동이 걸리지 않는다.

____

(2) 안전벨트를 매세요.

____

(3) 여기 세워주세요.

____

(4) 이 버스가 역으로 갑니까?

____

(5) 엔진오일을 체크해주세요.

____

기차(Галт тэрэг, вагон)/버스(Автобус)/비행기(Онгоц)

출발 хөдлөх	도착 хүрэх	검표원 тасалбар шалгагч
대기실 хүлээлгийн өрөө	기차의 차량 вагон	
기차 객실의 칸 тасаг	침대차 купей	기차의 침대칸 купейний өрөө
종착역 сүүлийн өртөө	침대칸 купей	플랫폼 өртөө
식당차 хоолны вагон	기차의 식당(칸) вагоны ресторан	
예약 захиалах	개찰구 гарц	
자동발매기 билетний автомат машин		
완행열차 энгийн галт тэрэг/өртөө бүрт зогсдог галт тэрэг		
직행기차 буухиа галт тэрэг, түргэн галт тэрэг		

정보, 예약

우체통

분실물 센터

자동차 수송기차

장애인용

대기실

음식점

수하물보관소

케리어

자동수하물보관소

짐부치기

만남의 장소

흡연실

흡연금지

자동개찰기

공중전화

식수

비식수

화장실

응급처치

 **버스 (Автобус)**

- Билет хаанаас худалдаж авдаг вэ? (승차권은 어디서 사야 하죠?)
- Налайхын автобус хаанаас явдаг вэ?
  ('날라이흐' 로 가는 버스가 어디에서 출발하죠?)
- Би дараагийн буудал дээр бууна. (다음 정거장에서 내립니다.)
- Намайг энд буулгана уу. (여기에 내려주세요.)
- Хотын тойрон аялал хийдэг үү? (시내 관광버스는 있나요?)
- Автобусанд суугаад билетээ шалгуулах хэрэгтэй.
  (차에 탄 후 표를 검사 받아야 한다.)

표를 검사하다 билет шалгах	차표를 펀치로 찍다 билет шалгах
개찰원 кондуктер	티켓 билет, тасалбар
버스정류장 автобусны буудал	복수 티켓 олон удаагийн тасалбар
운전기사 автобусны жолооч	다음 정거장 дараагийн буудал/зогсоол

 **비행기 (Нисэх онгоц)**

- Би дараагийн бүтэн сайны өдрийн Улаанбаатарын нислэгийн суудал захиалмаар байна.
  (저는 다음 일요일 울란바타르 행 비행을 예약하고 싶습니다.)
- Шууд нислэг үү? (직항입니까?)
- Дамжиж нисэх үү?/ Транзиттай юу? (환승을 해야 합니까?)
- Бээжингээр дайрах /транзит нислэг.
  (이것은 북경을 경유하는 항공 편입니다.)
- Онгоц хэдэн цагт хөөрөх вэ? (비행기는 몇 시에 출발합니까?)
- Хэдэн цаг нисэх вэ? (비행은 몇 시간이 걸립니까?)
- Би захиалгаа цуцлуулмаар байна. (예매를 취소하고 싶습니다.)
- Та майлеж-карт авах уу? (고객 (마일리지) 카드를 만드시겠습니까?)
- Та нислэгээс 2 цаг орчмын өмнө онгоцны буудал дээр очсон байх хэрэгтэй.
  (출발하기 약 2시간 전에 공항에 나오셔야 합니다.)

공항 онгоцны буудал	
공항에 마중 나가다 онгоцны буудалд хүн тосох	
비자 виз	비행기 승무원 онгоцны үйлчлэгч
비행기 티켓 онгоцны билет	비행기를 놓치다 нислэгээс хоцрох
비행기를 타다 онгоцоор нисэх	비행 нислэг
세관원 гаалийн ажилтан	세관 хил, гааль
세금 татвар	시차에 고생하다 цагийн зөрүүнд ядрах
시차에 적응하다 цагийн зөрүүг давж гарах	
시차 цагийн зөрүү	신고하다 тодорхойлох
여권 паспорт	입구 хаалга
조종사 нисгэгч	착륙하다 газардах
출구 гарц	탑승권 нэвтрэх хуудас
탑승하다 онгоцонд суух	화장실 ариун цэврийн өрөө
비어있음(화장실) сул/хүнгүй	사용 중(화장실) хүнтэй

Ⅰ. 다음 낱말을 몽골어로 말해 보세요.

(1) 창구 _______________________

(2) 초고속 열차 _______________________

(3) 공항 _______________________

(4) 침대차 _______________________

(5) 식당차 _______________________

(6) 개찰구 _______________________

(7) 응급처치 _______________________

(8) 탑승권 _______________________

(9) 세관 _______________________

(10) 시차 _______________________

Ⅱ. 다음 우리말을 몽골어로 말해 보세요.

(1) 베를린으로 가는 버스가 어디에서 출발합니다.

____

(2) 여기 내려주세요.

____

(3) 함부르크 행 비행을 예약하고 싶습니다.

____

(4) 그 비행기가 몇 시에 출발합니까?

____

(5) 비행이 얼마나 걸립니까?

____

갈매기
цахлай
구름 үүл
파라솔
нарны хаалт, шүхэр
지평선 алс хязгаар
미역
далайн замаг
선글라스
нарны шил
텐트 майхан
비키니 бикини,
усны хувцас
튜브
хөвдөг
바구니
сагстай
зугаалгын
хүнс
모자
малгай
비치 타올
усны алчуур
해변용 샌들
хөнгөн углааш
불가사리
далайн од
수영객
усанд орохоор
ирсэн хүн
바다
тэнгис, далай
해변가
далайн эрэг
조개
дун
삽
хүрз
모래
элс
수영팬티
усны дотоож
해마
далайн морь

- Би долоо хоноод амарна. (일주일 후면 난 휴가다.)
- Би долоо хоноод амралтанд явна. (나는 일주일 후에 휴가 간다.)
- Би Монгол руу аялна. (나는 몽골로 여행을 떠날 것이다.)
- Би аялахаасаа өмнө жуулчны газраас мэдээлэл авна.
  (떠나기 전에 나는 여행사에서 정보를 얻을 것이다.)
- Монголд 3 сараас дээш хугацаатай байх бол виз авах хэрэгтэй.
  (몽골에 3개월 이상 머무르기 위해서는 비자가 필요하다.)
- Би ачаагаа бооно/гаргана. (가방을 쌀/풀 것이다.)

여행가방 аяны цүнх, чемодан	배낭 үүргэвч
핸드캐리어 дугуйтай цүнх	수화물 гар тээш
주로 배에 차는 여행용 가방 паск, жижиг цүнх	
트렁크 чемодан	바다 далай
비치볼 элсний бөмбөг	파도 усны давалгаа
바위 хад, хайрга, чулуу	선크림 нарны тос
수상스키 усны цана	서핑보드 давалгаа унах хавтан
잠수부 шумбагч	물안경 усны нүдний шил
잠수안경 шумбалтын нүдний шил	잠수부 튜브 호흡관 амьсгалах гуурс
구명조끼 аврах хантааз	오리발 хөлд угладаг сэлүүр
침낭 аяны хөнжил	공기매트리스 хийлдэг гудас
일사병 наранд цохиулах	

- Жуулчны мэдээллийн төвөөс газрын зураг үнэгүй авч болдог.
  (여행자 센터에서 시내 지도를 무료로 얻을 수 있습니다.)

세계지도 дэлхийн газрын зураг
전국지도 газрын зураг
지방지도 бүс нутгийн газрын зураг
시내지도 хотын газрын зураг
전철노선도 метроны шугамын газрын зураг
버스노선도 автобусны зогсоолуудын газрын зураг
운행시간표 тээврийн хэрэгслийн ажиллах цагийн хуваарь

- Тэр амралтаа далайн эрэгт/ ууланд / хөдөө / гадаадад өнгөрүүлдэг.
  (그는 바다에서/ 산에서/ 시골에서/ 외국에서 휴가를 보낸다.)
- Далайн эрэгт амарч байхдаа нарны тос түрхэх хэрэгтэй.
  (해변가에서 선탠하기 전에는 몸에 선크림을 발라야 한다.)
- Мишаелийг сэлж байхад хүүхдүүд эргийн элсэн дээр тоглож байна.

  (미하엘이 수영하는 동안, 아이들은 해안가 모래밭에서 논다.)
- Би өвөл цанаар гулгахаар ууланд гардаг.
  (나는 스키를 타기 위해 겨울에 산으로 간다.)
- Тэр цанаар маш сайн гулгадаг учраас хэцүү замаар гулгадаг.
  (그는 스키를 매우 잘 타서 상급자 코스를 이용한다.)
- Цанын лифтээр явах нь хөгжилтэй.
  (리프트를 타는 것은 재미있다.)
- Би зугаалж явахдаа зочид буудалд буухаас майханд хоноглохыг
  илүүд үздэг.
  (휴가 때 나는 호텔에 묵기보다 캠핑하는 것을 더 좋아한다.)
- Би зөөврийн сууц, бас майхантай.
  (나는 캠핑카와 텐트가 있다.)
- Гадаа хонох уу? Чамд аяны хөнжил байгаа юу?
  (우리 텐트 칠까? 침낭 있어?)
- Би Монголд замын унаагаар/дугуйгаар/машинаар аялсан.
  (나는 몽골에서 히치하이킹으로/ 자전거로/ 자동차로 여행했다.)

Ⅰ. 다음 낱말을 몽골어로 말해 보세요.

(1) 구름　　　　　________________________

(2) 지평선　　　　________________________

(3) 튜브　　　　　________________________

(4) 해변가　　　　________________________

(5) 배낭　　　　　________________________

(6) 호수　　　　　________________________

(7) 잠수부　　　　________________________

(8) 침낭　　　　　________________________

(9) 전철 노선도　________________________

(10) 선크림　　　 ________________________

Ⅱ. 다음 우리말을 몽골어로 말해 보세요.

(1) 일주일 후에 나는 휴가 간다.

____

(2) 3개월 이상 몽골에 머무르려면 비자가 필요하다.

____

(3) 오늘 저녁에 가방을 쌀 것이다.

____

(4) 나는 외국에서 휴가를 보낸다.

____

(5) 겨울에 나는 스키를 타기 위해서 산으로 간다.

____

25

호텔 (Зочид буудал)

호텔지배인 зочид буудлын менежер	벨보이 зочид буудлын үйлчлэгч
포터 ачаа зөөгч	방청소부 үйлчлэгч, цэвэрлэгч
엘리베이터보이 лифтний үйлчлэгч	수위 жижүүр
비상구 ослын гарц	묵다, 숙박하다 буух
숙박부 захиалгын дэвтэр	체크인하다 зочид буудалд орох
1인실 нэг хүний өрөө	2인실 хоёр ортой өрөө, хоёр хүний өрөө

체크아웃 зочид буудлаас гарах	팁 цайны мөнгө
룸서비스 өрөөний үйлчилгээ	모닝콜 сэрээх дуудлага/үйлчилгээ
목욕가운 халаад	수건 алчуур
히터 халаалт	비누 саван
에어컨 халуун/хүйтнээр үлээгч, эйр кондишн	
호텔경영자 зочид буудлын даамал, менежер	

- Эндээс зочид буудалд өрөө захиалж болох уу?
  (여기서 호텔 예약이 가능합니까?)

- Та надад нэг сайн зочид буудал санал болгохгүй юу?
  (가격이 괜찮은 호텔을 하나 추천해 주실 수 있습니까?)

- Танайд сул өрөө бий юу? (빈 방 있습니까?)

- Уучлаарай. Бүх өрөө хүнтэй байгаа. (죄송합니다. 방이 모두 찼습니다.)

- Би нэг өрөө захиалсан юм. (방을 하나 예약했습니다.)

- Ямар нэрээр захиалсан бэ?/Захиалгаа ямар нэрээр өгсөн бэ?
  (어떤 이름으로 예약하셨습니까?)

- Та шүршүүртэй өрөөнд орох уу, ваннтай өрөөнл орох уу?
  (샤워 시설이 있는 방을 원하십니까, 아니면 욕실이 딸린 방을 원하십니까?)

- Би далай руу харсан цонхтой өрөөнд оръё.
  (바다가 보이는 방을 주세요.)
- Энэ өрөө хоногт ямар үнэтэй вэ? (그 객실은 얼마입니까?)
- Өглөөний цай үнэнд нь багтсан уу, үгүй юу?
  (아침식사 포함인가요?)
- Би өрөөгөө солиулмаар байна. (방을 바꿨으면 좋겠습니다.)
- Би өөр өрөөнд ормоор байна. (다른 방을 원합니다.)
- Хэдэн цагт чек-аут хийдэг/гардаг вэ?
  (몇 시까지 체크아웃을 해야 합니까?)
- Аяны чекээр тооцоо хийж болох уу? (여행자 수표를 받습니까?)
- Ресторан хаана байдаг вэ? (식당은 어디에 있습니까?)
- Ресторан хэдээс онгойдог вэ? (식당은 몇 시에 엽니까?)
- Захиалсан хоол ирээгүй байна.
  (주문한 식사가 아직 나오지 않았습니다.)
- Захиалсан өглөөний цай ирээгүй байна./Захиалсан өглөөний цайг
  авчирч өгөөгүй л байна. (주문한 아침시사가 아직 안 왔습니다.)
- Та намайг өглөө долоон цагт сэрээнэ үү. (내일 아침 7시에 깨워주세요.)
- Би бага зэрэг мөс, бас ус авъя. (얼음과 물을 좀 가져다주세요.)
- Би энэ хувцсыг угаалгамаар байна. (이 옷을 세탁해주세요.)
- Та энэ тээшийг хадгалж байгаач?/Энэ тээшийг түр хадгалуулж
  болох уу? (이 짐을 맡아 주실 수 있습니까?)
- Би тээшээ авах гэсэн юм. (맡긴 짐을 찾고 싶습니다.)
- Би үнэт зүйлсээ хадгалуулж болох уу?
  (귀중품을 맡길 수 있을까요?)
- Зочид буудлынхаа хаягтай ил захидал өгөөч.
  (이 호텔 주소가 적힌 카드 한 장 주세요.)
- Англи хэл мэддэг хүн байна уу?   (여기 누가 영어를 할 줄 압니까?)
- Би түлхүүрээ өрөөндөө мартчихаж.
  (열쇠를 방안에 두고 나왔습니다.)
- Энэ өрөө дуу чимээ ихтэй юм. (이 방은 너무 시끄럽습니다.)
- Суултуур нь эвдэрчихэж. (변기가 고장이 났습니다.)
- Халуун ус гоожихгүй байна./Халуун ус алга байна.
  (온수가 나오지 않습니다.)

• **Та үйлчлэгч явуулахгүй юу.** (서비스 맨 한 사람 보내주세요.)

• **Та ачаа зөөгч явуулахгүй юу.** (짐 나르는 사람 한 명 보내주세요.)

• **Такси дуудаж өгнө үү.** (택시 한 대 불러 주세요.)

• **Тооцоогоо хийе.** (계산하겠습니다.)

Ⅰ. 다음 낱말을 몽골어로 말해 보세요.

    (1) 접수   _______________________

    (2) 짐   _______________________

    (3) 벨 보이   _______________________

    (4) 수위   _______________________

    (5) 비상구   _______________________

    (6) 체크아웃   _______________________

    (7) 모닝콜   _______________________

    (8) 히터   _______________________

    (9) 룸서비스   _______________________

    (10) 2인실   _______________________

Ⅱ. 다음 우리말을 몽골어로 말해 보세요.

    (1) 빈 방이 있습니까?

    ____

    (2) 방을 하나 예약했습니다.

    ____

    (3) 그 객실은 얼마입니까?

    ____

    (4) 방을 바꿨으면 좋겠습니다.

    ____

    (5) 식당이 몇 시에 문을 엽니까?

    ____

- Би өдөр бүр интернэтэд ордог. (나는 매일 인터넷 서핑을 한다.)

- Тэр миний компьютер дээр тоглох дуртай.
  (그는 내 컴퓨터에서 게임하기를 좋아한다.)

- Тэр компьютерээр чатладаг. (그는 컴퓨터로 채팅을 한다.)

- Энд интернэтийн холболт бий юу? Би и-мэйл бичих гэсэн юм.
  (여기 인터넷 연결이 있습니까? 이메일을 써야 해서요.)

- Таны и-мэйл хаяг юу вэ? (이메일 주소가 어떻게 됩니까?)

- Асуух зүйл байвал над руу и-мэйл бичээрэй.
  (질문이 있으면 제 이메일 주소로 연락하세요.)

메뉴표시줄	меньюний жагсаалт	커서	хулганы заалт, сум
스캐너	скайнер	하드디스크	хатуу диск
레이저프린터	лазерын принтер	잉크젯프린터	шингэн бэхтэй принтер
토너	принтерийн хор	사운드카드	дууны карт, саунд карт
비디오카드	видео карт	네트워크 카드	сүлжээний карт
모뎀	модем	연장코드	уртасгагч
프로세서	процессор	CD드라이브	CD-ROM
게시판	мэдээллийн самбар	윈도우	цонх
브라우저	браузер	북마크	тэмдэглэл
서버	сервер, сүлжээ	이메일주소	и-мэйл хаяг
인터넷	интернэт	인터넷 사용자	интернэт хэрэглэгч
웹사이트	вэб хуудас	해커	хакер
질문방	асуулт, хариулт (Q&A)	채팅	чатлах
홈페이지	хоом пэйж	소프트웨어	программ
서핑하다	интернэт ухах, интернэтээр хэсэх		
문자	текст, бичвэр	댓글	коммент, санал бодол
악플	доромжилсон коммент	도메인시스템	домэйний систем
부팅디스켓	эхлэх диск	바이러스	вирус
백신	вирусны эсрэг программ	백업	аюулгүйн хуулбар
마우스패드	хулганы суурь	아이콘	айкон, эхлүүлэх дүрс
툴바	төхөөрөмжийн сан	스팸	спайм, хэрэггүй и-мэйл

www	: www	_	: доогуур зураас
@	: эт	/	: слайш, ташуу зураас
·	: цэг	,	: таслал
–	: зураас, хасах	&	: апостроф
대문자 A	: том A	소문자 a	: жижиг a
모두 붙여서	: зайгүй, залгуулж бичсэн		

- Тэр компьютер асааж/унтрааж байна.
  (그가 컴퓨터를 켠다/끈다.)

- Тэр компьютер асааж/үС уншуулж байна.
  (그는 컴퓨터를 부팅시킨다/켠다.)

- Тэр айкон дээр хулганаараа дарж байна.
  (그는 마우스로 아이콘을 클릭한다.)

- Яаж өмнөх хуудсандаа эргэж очих вэ?
  (이전 사이트로 되돌아가려면 어떻게 해야 하죠?)

- Та ердөө „Буцах“ дээр л дарахад хангалттай.
  (“Буцах”만 누르면 됩니다.)

- Би энэ файлыг/мэдээллийг найдвартай хадгалмаар байна.
  (나는 이 파일을 저장하고 싶다.)

- Би энэ файлыг хадгалмааргүй байна.
  (나는 이 파일을 저장하고 싶지 않다.)

- Та файлаа хадгалахаа мартуузай!
  (이 파일 저장하는 것을 잊지 마세요.)

- Надад энэ файл/мэдээлэл хэрэггүй. Устгалаа.
  (나는 이 파일이 필요 없다. 이것을 지운다.)

- Би ажлаа хийж дуусаад компьютероо унтраадаг.
  (작업을 끝내면, 나는 컴퓨터를 끈다.)

- Компьютер эвдэрчихсэн. (컴퓨터가 다운되었다.)

- Энэ фолдерт танд хэрэгтэй сэдвийн файлууд бий.
  (이 폴더는 그 주제에 관한 모든 파일이 들어있습니다.)

- Хэрэв нэг файлыг өөр фолдерт зөөх бол түүнийгээ хулганаараа
  чирэхэд хангалттай.
  (파일을 다른 폴더로 옮기려면, 그것을 마우스로 클릭한 후 그곳으로 가지고 간다.)

- Та энэ программыг мэдэх үү? (이 프로그램을 아십니까?)

- Энэ программыг яаж ашигладгийг та мэдэх үү?
  (이 프로그램을 어떻게 사용하는지 아십니까?)

- Би энэ программ дээр ажиллаж мэдэхгүй байна. Заагаад өгөөч.
  (이 프로그램을 사용할 줄 모릅니다. 설명해주세요.)

- Би бичиг хэргийн хэдэн программ дээр л ажиллаж чадна.
  (나는 몇 가지 문서작성 프로그램밖에 모릅니다.)

- Тэр компьютерийн мэргэжилтэн. (그는 컴퓨터 전문가이다.)

• Өнөө үед албан газар бүр компьютертэй болжээ.
(오늘날 모든 사무실에 컴퓨터가 있다.)

이메일 (И-МЭЙЛ)

이 메 일	и-мэйл, электрон шуудан
받 은 편 지 함	ирсэн и-мэйлүүд
보 낸 편 지 함	илгээсэн и-мэйлүүд
발 송 항 목	илгээсэн зүйлс
삭 제 항 목	устгасан зүйлс
휴 지 통	хогийн сав
스 팸 편 지	хэрэггүй мэйл, спайм
모르는 사용자	танихгүй хэрэглэгч
첨 부 파 일	аттач файл, хавсралт

• Та хүсвэл файлуудаа CD дээр бичиж болно.
(원하시면, 당신의 파일들을 CD로 구울 수 있습니다.)

• Найдвартай байдлыг бодож би файлуудаа USB-д давхар хадгалдаг.
(만약을 위해서 나는 데이터를 USB에 복사한다.)

• Ирсэн и-мэйлд хариу бичье гэвэл "Хариу" гэдэг дээр дарахад л
хангалттай. (이메일에 답장하려면, Antworten만 클릭하면 됩니다.)

• Жижиг сажиг тайлбаруудь нь хавсралтанд/аттач файлд бий.
(자세한 내용은 첨부 파일에 들어 있습니다.)

• Танихгүй илгээгчээс ирсэн аттач файл/хавсралт вирус тээж байж
мэднэ. (모르는 발신자의 메일에 딸린 첨부파일은 바이러스를 포함할 수 있다.)

Ⅰ. 다음 낱말을 몽골어로 말해 보세요.

(1) 헤드폰　　　＿＿＿＿＿＿＿＿＿＿＿＿＿

(2) 프린터　　　＿＿＿＿＿＿＿＿＿＿＿＿＿

(3) 키보드　　　＿＿＿＿＿＿＿＿＿＿＿＿＿

(4) 스캐너　　　＿＿＿＿＿＿＿＿＿＿＿＿＿

(5) 게시판　　　＿＿＿＿＿＿＿＿＿＿＿＿＿

(6) 서버　　　　＿＿＿＿＿＿＿＿＿＿＿＿＿

(7) 메일주소　　＿＿＿＿＿＿＿＿＿＿＿＿＿

(8) 서핑하다　　＿＿＿＿＿＿＿＿＿＿＿＿＿

(9) 백신　　　　＿＿＿＿＿＿＿＿＿＿＿＿＿

(10) /　　　　　＿＿＿＿＿＿＿＿＿＿＿＿＿

Ⅱ. 다음 우리말을 몽골어로 말해 보세요.

(1) 여기 인터넷 연결이 있습니까?

＿＿＿＿＿＿＿＿＿＿＿＿＿＿＿＿＿＿＿＿＿

(2) 이메일 주소가 어떻게 됩니까?

＿＿＿＿＿＿＿＿＿＿＿＿＿＿＿＿＿＿＿＿＿

(3) 이 파일을 저장하고 싶습니다.

＿＿＿＿＿＿＿＿＿＿＿＿＿＿＿＿＿＿＿＿＿

(4) 컴퓨터가 다운되었습니다.

＿＿＿＿＿＿＿＿＿＿＿＿＿＿＿＿＿＿＿＿＿

(5) 이 프로그램을 사용할 줄 모릅니다. 설명해 주세요.

＿＿＿＿＿＿＿＿＿＿＿＿＿＿＿＿＿＿＿＿＿

전화 (Утас)

수화기 харилцуур, утас	전화버튼 утасны товчлуурууд
핸드폰 гар утас	자동응답기 автомат хариулагч
요금 төлбөр	전화카드 утасны карт
발신음 дуудах ая	전화박스 утасны бүхээг
내선 гэрийн утасны шугам	메시지 мэдээ
긴급전화 ослын дуудлага	교환원 холбоочин
국가번호 улсын код	지역 번호 орон нутгийн код
전화번호부 утасны дугаартай дэвтэр, утасны жагсаалт	

몽골 국가번호	976	중국 국가 번호	86
러시아 국가 번호	7	한국 국가 번호	82

전화를 받으면 우선 자신의 이름을 말한다. 전화를 건 사람도 마찬가지로 자신의 신분을 먼저 밝힌다. 친한 사이에는 성은 말하지 않고 이름만 말하지만, 격식을 차려야 하는 사이에는 성도 함께 말한다. 통화를 종료할 때는 **Дараа дахин ярья!**이라고 한다.

- Би утсаар тань ярьж болох уу? (전화 좀 사용해도 될까요?)
- Хэн ярьж байна вэ? / Хэн бэ? (누구세요?)
- Би ноён/хатагтай ⋯ -тай ярих гэсэн юм. (~ 씨와 통화하고 싶습니다.)
- Та намайг ⋯ –тай холбоод өгөөч. (~ 좀 바꿔주세요.)
- Сонсож байна./ Би байна. (접니다.)
- Түр хүлээгээрэй. (잠시만 기다리세요.)
- Утсаа барьж байгаарай. (끊지 말고) 기다려 주세요.
- Тэр одоохондоо алга байна. (그 분은 지금 안 계십니다.)
- Та дараа дахин залгана уу. (나중에 다시 전화 걸어주세요.)
- Холболт муу байна. Харилцуураа салгаад дахин залгана уу.
  (연결 상태가 매우 안 좋습니다. 전화를 끊고 다시 걸어주세요.)
- Таны утасны дугаар хэд вэ? (전화번호가 어떻게 되시죠?)
- Утсаар ярьж байна. (통화 중입니다.)
- Таны залгасан дугаар холбогдох боломжгүй байна.
  (가입자가 없는 번호입니다.)
- Та арай удаан ярихгүй юу? (좀 더 천천히 말씀해 주세요.)
- Та арай чанга/тод ярихгүй юу?
  (좀 더 큰소리로 말씀해주실 수 있겠습니까?)
- Танд хэлж үлдээх зүйл байна уу? (전할 말씀이라도 있습니까?)
- Та ⋯ –д нэг зүйл дамжуулаад өгөхгүй юу?
  (~에게 말씀 좀 전해주시겠습니까?)

- Би … –д нэг зүйл хэлж үлдээж болохсон болов уу?
  (~에게 메시지를 남겨도 될까요?)

- Намайг ярьсан гэж түүнд хэлээрэй. (제가 전화했다고 전해주십시오.)

- Над руу залгаарай гээд түүнд хэлчихээрэй.
  (제게 전화하라고 전해주십시오.)

- Тэр одоо хуралтай байна. (그는 지금 회의 중입니다.)

- Энд тийм хүн байхгүй. (여기에는 그런 이름을 가진 사람은 없습니다.)

- Уучлаарай, би дугаар андуурчихаж. (죄송합니다. 잘못 선 것 같습니다.)

- Та холын дуудлага байнга хийдэг үү? (장거리 전화를 많이 기십니까?)

- Монголд орон нутгийн дуудлага үнэгүй.
  (몽골에서 지역 내 통화는 무료이다.)

- Энэ бол олон улсын дуудлага. Та хэлэх гэснээ товчхон хэлнэ үү.
  (이것은 국제 통화입니다. 간단히 말씀해 주세요.)

- Утсаар ярьсанд баярлалаа. (전화 주셔서 감사합니다.)

- Би дараа дахин залгая. (나중에 다시 전화 드리겠습니다.)

- Би одоо маш завгүй байна. Дараа залгаж болох уу?
  (지금 제가 몹시 바쁩니다. 제가 나중에 전화 드려도 될까요?)

응답기 (Автомат хариулагч)

1) Сайн байна уу. Найдангийн Хашаа байна. Яг одоо би гэртээ
   байхгүй байна. Та хэлэх гэсэн зүйлээ буюу утасны дугаараа үлдэнэ
   үү. Тань руу эргээд залгая.

   (안녕하세요. 저는 나이단 하샤입니다. 지금은 제가 집에 없습니다. 메시지나 전
   화번호를 남겨주세요. 전화 드리겠습니다.)

2) Ким Жунг Миний утас байна. Одоохондоо би утсаа авч чадахгүй
   нь. Дохио дуугарсны дараа хэлэх зүйлээ үлдээгээрэй. Би
   боломжтой болонгуутаа тань руу эргээд залгая. Баярлалаа.

   (이것은 김종민의 자동응답기입니다. 지금은 제가 통화할 수 없습니다. 삐 소리
   후 메시지를 남겨주세요. 가능한 한 빨리 연락드리겠습니다. 감사합니다.)

유럽지역에서의 긴급통화 Европ даяар хүчинтэй ослын дуудлага: 112

- 몽골 Монгол:
  - 경찰 Цагдаа: 102
  - 소방서/구조대 Гал команд/аврах алба: 101
  - 구조대 또는 환자이송 Аврах алба буюу түргэн тусламж: 103
  - 전화번호 안내 Утасны лавлах: 109

- 오스트리아 Австри:
  - 경찰 Цагдаа: 133
  - 소방서 Гал команд: 122
  - 의료 응급서비스 Эмнэлгийн тусламж: 141
  - 오스트리아 수상 구조
    Австрийн усны аюулаас хамгаалах алба: 130
  - 산악 구조 서비스 Уулын аврах алба: 140
  - 가스사고 긴급전화 Хийн аюулаас аврах алба: 128
  - 전화 상담
    Утасны зөвлөгөө (Хүүхэд залуучуудын зөвлөгөө) 147

- Швейцарь:
  - 경찰 Цагдаа: (1)17
  - 소방 Гал команд: 118
  - 긴급전화 Түргэн тусламж: 144

Ⅰ. 다음 낱말을 몽골어로 말해 보세요.

    (1) 수화기 _______________________

    (2) 핸드폰 _______________________

    (3) 전화카드 _______________________

    (4) 발신음 _______________________

    (5) 긴급전화 _______________________

    (6) 내선 _______________________

    (7) 지역번호 _______________________

    (8) 자동응답기 _______________________

    (9) 장거리 전화 _______________________

    (10) 메시지 _______________________

Ⅱ. 다음 우리말을 몽골어로 말해 보세요.

    (1) 김 선생님 좀 부탁합니다.

    ____

    (2) 접니다.

    ____

    (3) 좀 더 천천히 말씀해주시겠습니까?

    ____

    (4) 메시지를 남겨도 될까요?

    ____

    (5) 나중에 다시 전화 드리겠습니다. 안녕히 계세요.

    ____

Халууцаж байна.

(덥다.)

Даарч байна.

(춥다.)

Өлсөж байна.

(배고프다.)

Гомдчихлоо.

(실망스럽다.)

Сайхан ааштай байна.

(기분좋다.)

Уур хүрчихлээ.

(화가 난다.)

Уйтгартай байна.

(슬프다.)

Би уйлж сууна.

(울고 있다.)

Би инээж байна.

(웃고 있다.)

Надад ямар ч ялгаагүй/хамаагүй.

((알게 뭐람) 될대로 되라지.)

Цангаж байна.

(목마르다.)

Ядарч байна.

(피곤하다.)

 **감정〈Сэтгэл хөдлөл〉**

기쁨 баяр баясал	슬픔 уйтгар гуниг	행복 аз жаргал
불행 эз, азгүйтэл	실망 гомдол, гутрал	절망 эргэлзээ
화 уур хүрэх	분노 уур	격노 уур хилэн
만족 сэтгэл хангалуун байх		
불만족 сэтгэлд хүрэхгүй байх		

 **기분 좋을때**

- Чамтай уулзахад сайхан байна. (너를 보아 기분 좋다.)
- Чамтай уулзсандаа баяртай байна. (너를 만나 기분이 좋아.)
- Би маш их баяртай байна. (나는 좋아 죽겠어.)
- Сэтгэл хөдөлчихлөө! (나는 감동했다.)
- Гайхалтай. Бүх зүйл сайхан бүтлээ. (아주 좋아. 모든 게 잘 되었어.)

 **기분 나쁠때**

- Би үүнийг үзэн ядаж байна./үнэн голоосоо дургүй.
  (너무 싫다.)
- Үнэхээр уур хүрчихлээ. (너무 화났다.)
- Би уцаартай байна. (너무 화가 난다.)
- Бүүр залхчихлаа. (지겹다.)
- Намайг тайван орхи. (나 건드리지 마.)
- Битгий уур хүргээд бай! (내 성질 건드리지 마!)
- Миний уур хүрээд бүр дэлбэрэх нь. (화가 나서 폭발할 지경이다.)
- Чи байнга асуудал гаргадгаа мэднэ биз? (넌 항상 문제 만드는 거 알아?)

슬플 때

- Үнэхээр гунигтай. (너무 슬프다.)
- Уйлмаар байна. (울고 싶다.)
- Бүр сэтгэлээр унаичихлаа. (매우 우울하다.)
- Сохорсон биш завшив! (불행 중 다행이다.)
- Би шөнөжин уйлсан. (나는 밤새 울었다.)

사과할 때

- Уучлаарай. (미안합니다.)
- Намайг өршөөгөөрэй. (용서해 주세요.)
- Уучлалт гуйя. (용서를 구합니다.)
- Төвөг удсанд уучлаарай. (제가 저지른 일에 대해 죄송합니다.)
- Би санаатай ингээгүй шүү. (그것은 고의가 아니었습니다.)

귀찮거나 힘들고 괴로울 때

- Би яг галзуурлаа! (미치겠네!)
- Намайг бүр галзууруулах нь! (그것이 나를 미치게 만드네!)
- Өөрийгөө л хичээ! (네 일이나 신경 써라!)
- Чамд ямар ч хамаагүй. (너랑 상관없잖아!)
- Би тэвчиж чадахгүй нь! (더 이상 참을 수 없어!)
- Миний тэвчээр барагдлаа. (나는 그것을 더 이상 참을 수 없다.)
- Миний тэвчээр хязгаартаа хүрлээ. (나는 그것을 더 이상 견딜 수 없다.)
- Би цаашид хараад байж чадахгүй нь.
  (난 그것을 더 이상 받아들일 수 없다.)
- Би үүнээс илүү хүлээж чадахгүй. (난 더 이상 기다리지 않겠다.)
- Би бүр ядарчихаж. /Надад ямар ч тэнхээ тамир алга.
  (난 완전히 맥이 빠졌다.)
- Байдал ямар ч найдваргүй байна. (상황이 완전히 절망적이다.)

- Дуугаа тат! (조용히 해!)

- Амаа тат!/Амаа хамхи! (닥쳐!)

- Одоо хангалттай! (됐어!)

- Гар! /Зайл! (나가/꺼져!)

- Битгий уур хүргээд байгаарай! (날 짜증나게 하지마라!)

- Чамаас хэн ч асуугаагүй!/Чамаас хэн асуусан юм?
  (누구도 네게 질문하지 않았다!/누가 네게 물었어?)

- Надаар тоглож байгаа юм уу?
  (나 놀리고 있는 거지!/너 나를 놀리려는 거지!)

- Би чамд уур хүрсэн. (난 네게 화났다.)

- Би ууртай байна. Намайг тайван орхи. (나 화났어. 건드리지 마.)

Ⅰ. 다음 낱말을 몽골어로 말해 보세요.

(1) 즐거움　　　　________________________

(2) 슬픔　　　　________________________

(3) 화　　　　________________________

(4) 행복　　　　________________________

(5) 불행　　　　________________________

Ⅱ. 다음 우리말을 몽골어로 말해 보세요.

(1) 덥다.

____

(2) 실망스럽다.

____

(3) 화난다.

____

(4) 피곤하다.

____

(5) 너무 감동했다.

____

(6) 나 건드리지 마.

____

(7) 하루 종일 울었다.

____

(8) 미치겠네.

____

(9) 난 완전히 맥이 빠져있다.

____

(10) 나 놀리고 있는 거지.

____

감정 (Мэдрэмж) - Ⅱ

Би айж байна.
(나는 무서워요.)

Миний санаа зовж байна.
(나는 걱정이 돼요.)

Ээ, бурхан минь.
(오, 세상에.)

Би маханд дургүй.
(나는 고기를 싫어해요.)

Би бялуу идэх үнэхээр дуртай.
(나는 케이크를 아주 좋아해요.)

Өө! Гайхалтай!
(어머나! 정말 놀라와요!)

■ 두려울 때

- Би нохойноос айдаг. (나는 개를 무서워한다.)
- Зүрх амаар гарах шахлаа.(간 떨어질 뻔했다.)
- Айж үхэх нь. (무서워 죽겠어.)
- Айсандаа нуруу хүйт оргичихлоо. (소름이 쫙 돋았다.)

■ 걱정될 때

- Үнэхээр харамсалтай! (너무 안됐다!)
- Ийм зүйл хийнэ гэхээр санаа зовох юм.
  (난 그것을 하는 것이 걱정이다.)
- Санаа их зовж байна. (난 매우 걱정된다.)
- Би сандарч байна. (불안하다.)
- Санаснаас тийм ч сайн байсангүй.
  (생각했던 것처럼 그렇게 좋지는 않았다.)
- Би өвчин тусахаас айдаг. (나는 병에 걸릴까봐 걱정이다.)
- Надад одоо өөр арга алга. (내겐 이제 다른 방법이 없다.)

■ 놀랐을 때

- Яана аа!/Ээж ээ! (아이고!/어머나!)
- Үнэхээр хөөрхөн!гоё! (정말 예쁘다!)
- Итгэмээргүй юм! (믿을 수 없다!)
- Нээрээн үү?/үнэн үү? (진짜야?/ 정말?)
- Хэлэх юм биш! (말도 마라!)
- Тийм үү?/Яг уу? (그래?/정말?/확실해?)
- Итгэмээргүй юм./ Итгэж чадахгүй нь. (그것을 믿을 수 없다.)

■ 아쉬움/동정심이 일 때

- Үнэхээр харамсалтай байна. (참 유감입니다.)
- Харамсал илэрхийлье! (애도를 표합니다.)
- Үнэхээр гунигтай хэрэг! (너무 슬픈 일이에요!)
- Хөөрхий хүмүүс! (불쌍한 사람들!)
- Чамайг ойлгож байна. (널 이해한다.)

- Ажлаасаа халагдсанд чинь харамсаж байна.
  (네가 실직을 했다니 가슴이 아프다.)
- Ээжийг чинь нас барсанд үнэхээр харамсаж байна.
  (네 어머님이 돌아가셨다니 매우 슬프다.)
- Өө, хөөрхий минь! (저런, 참 딱하구나!)

■ 화해할 때

- Өршөөгөөрэй. / Уучлаарай. (죄송합니다.)
- Санаатай ингээгүй шүү. (고의가 아니었습니다.)
- Бүгд миний буруу. (모든 것이 제 불찰이었습니다.)
- Алдаа гаргасанд уучлаарай. (제 실수에 대해 용서를 구합니다.)
- Би чиний сэтгэлийг сэвтээх гээгүй юм.
  (네 감정을 상하게 하고 싶지 않았다.)
- Дахиж ийм зүйл хийхгүй гэдгээ хэлье./ Дахин ингэхгүй гэдгээ
  амлая. (그것을 다시 하지 않겠다고 약속하마./그 일이 다시 발생하지 않도록
  하겠다고 약속한다.)

■ 상관하고 싶지 않을 때

- Надад хамаагүй. (네게? 어떻게든 상관없다.)
- Дураараа л бол. (네가 원하는 대로.)
- Надад чухал биш. (내겐 중요치 않다.)
- Энэ чинь надад ямар ч хамаагүй. (그것은 나와는 상관없다.)
- Тэр миний хэрэг биш. (그것은 내 일이 아니다.)
- Надад ер сонирхол алга. (나는 그것에 관심이 없다.)

■ 의심이 가거나 놀랐을 때

- Үнэн үү?/ Нээрэн үү? (사실이야?/맞아?)
- Тийм үү?/ Яг уу? (확실해?)
- Үнэхээр тийм гэж үү?/үнэхээр итгэлтэй байна уу? (완전히 확신하니?)
- Би эргэлзэж байна./ Би нэг л итгэхгүй байна. (의심이 간다.)
- Зорилго нь нэг л тодорхойгүй/ итгэмээргүй юм, тийм ээ?
  (이유가 미덥지 않아, 그렇지 않니?)
- Магадгүй. (아마도.) Харин ээ. (글쎄.)

- Санаа бүү зов! (걱정하지 마십시오.)

- Тайвшина уу! (진정하십시오.)

- Миний хэлсэн үг түүнийг тайвшруулсан.
  (그는 내가 한 말을 듣고 안심했다.)

- Одоо л нэг тайвширлаа. (이제 안심이다.)

- Санаа зоволтгүй! (안심해라.)

- Ийм зүйл болж л байдаг. (그런 일은 언제든지 일어날 수 있다.)

- Тайвшир. Үүнд санаагаа бүү зовоо!
  (긴장 풀고, 그것에 대해 더 생각하지 마라!)

Ⅰ. 다음 몽골어를 우리말로 말해 보세요.

(1) Миний санаа зовоод байна.

____

(2) Би нохойноос айдаг.

____

(3) Би үүнд итгэхгүй нь.

____

(4) Үнэхээр харамсалтай байна.

____

(5) Алдаа гаргасанд уучлаарай.

____

Ⅱ. 다음 말을 몽골어로 말해 보세요.

(1) 나는 무서워요.

____

(2) 소름이 쫙 끼쳤다.

____

(3) 불안하다.

____

(4) 말도 마라!

____

(5) 널 이해한다.

____

(6) 고의가 아니었습니다.

____

(7) 내겐 중요치 않다.

____

(8) 의심이 간다.

____

(9) 이제 안심이다.

____

(10) 그것은 언제든지 일어날 수 있는 일이다.

____

가족 (Гэр бүл)

өвөө (할아버지) / эмээ (할머니)

авга (고모) / авга (고모부)
нагац эгч (이모) нагац эгчийн нөхөр (이모부)

аав (아버지) / ээж (어머니)

үеэл(эрэгтэй)
(남자사촌)

үеэл(эмэгтэй)
(여자사촌)

эгч
(언니, 누나)

ах
(오빠, 형)

би (나)

нөхөр (남편)

ах/эгчийн хүү
(남자조카)

ах/эгчийн охин
(여자조카)

охин (딸)

хүү (아들)

зээ хүү
(외손자)

зээ охин
(외손녀)

ач хүү
(손자)

ач охин
(손녀)

нөхөр (남편)	↔	эхнэр (아내)
хадам аав (시아버지)	↔	хадам ээж (시어머니)
хүргэн ах (매형, 매부)	↔	бэргэн эгч (처제, 시누이, 형수)
хүргэн (사위)	↔	бэр (며느리)
аавын аав (친할아버지)		↔ээжийн аав (외할아버지)

Хүргэн ах, бэргэн эгч은 혼인관계로 맺어진 형제관계를 말한다. 따라서 хүргэн ах는 매형, 매부뿐만 아니라, 처남, 매제 등도 지칭한다.

나이의 변화에 따른 표현

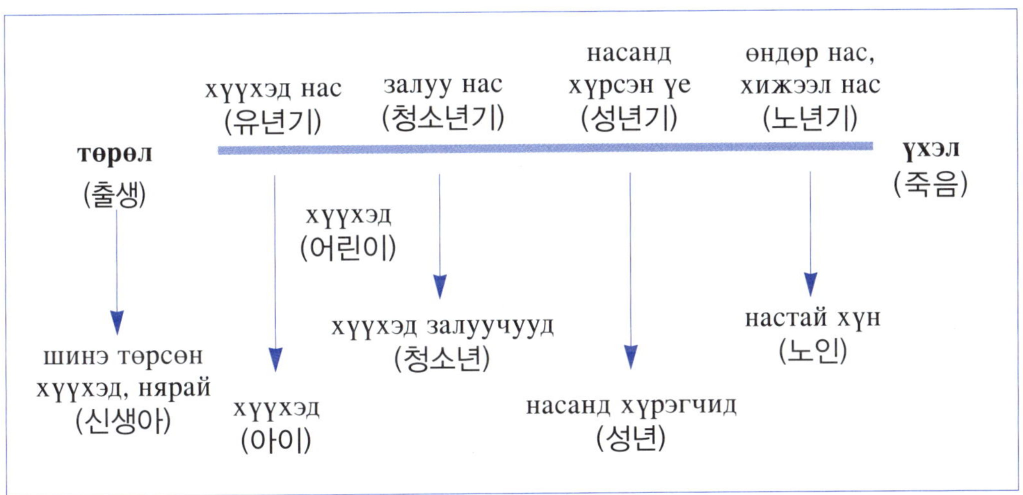

십대 арав орчим насны

이십대 хорь орчим насны

삼십대의 남자 гуч эргэм насны эрэгтэй

사십대의 여자 дөч эргэм насны эмэгтэй

중년의 사람들 дунд насны хүмүүс

중년 부인 настай эмэгтэй

노년의 신사 хижээл эрэгтэй

Ⅰ. 다음 몽골어를 우리말로 말해 보세요.

(1) өвөө ___________________________

(2) авга/нагац ах ___________________________

(3) үеэл ___________________________

(4) ах/эгчийн хүү ___________________________

(5) хүргэн ах ___________________________

(6) ээжийн ээж ___________________________

(7) төрөх ___________________________

(8) дөч эргэм насны эмэгтэй

____

(9) настай эмэгтэй ___________________________

(10) настай эрэгтэй ___________________________

Ⅱ. 다음 낱말을 몽골어로 말해 보세요.

(1) 할머니 ___________________________

(2) 이모 ___________________________

(3) 남편 ___________________________

(4) 조카(여) ___________________________

(5) 손녀 ___________________________

(6) 사위 ___________________________

(7) 청소년기 ___________________________

(8) 노년기 ___________________________

(9) 죽음 ___________________________

(10) 노인 ___________________________

31 동물 (Амьтан)

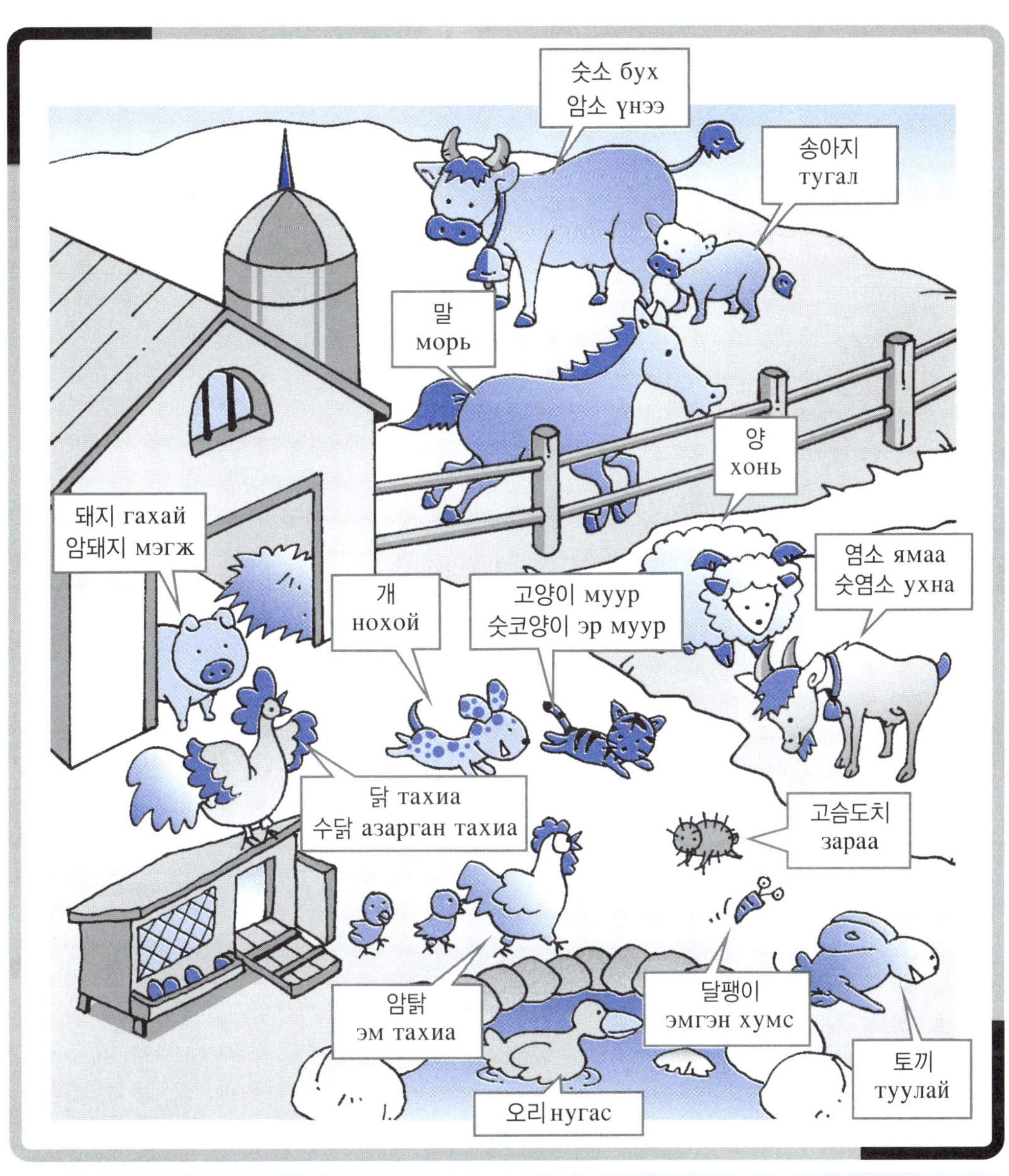

칠면조 цацагт хяруул	거위 галуу	숫양 ирэг
암양 хонь	거북이 яст мэлхий	당나귀 илжиг
어린양 хурга	생쥐 хулгана	까마귀 хэрээ	개구리 мэлхий
동물 амьтан	가축 мал	애완동물 гэрийн тэжээмэл амьтан

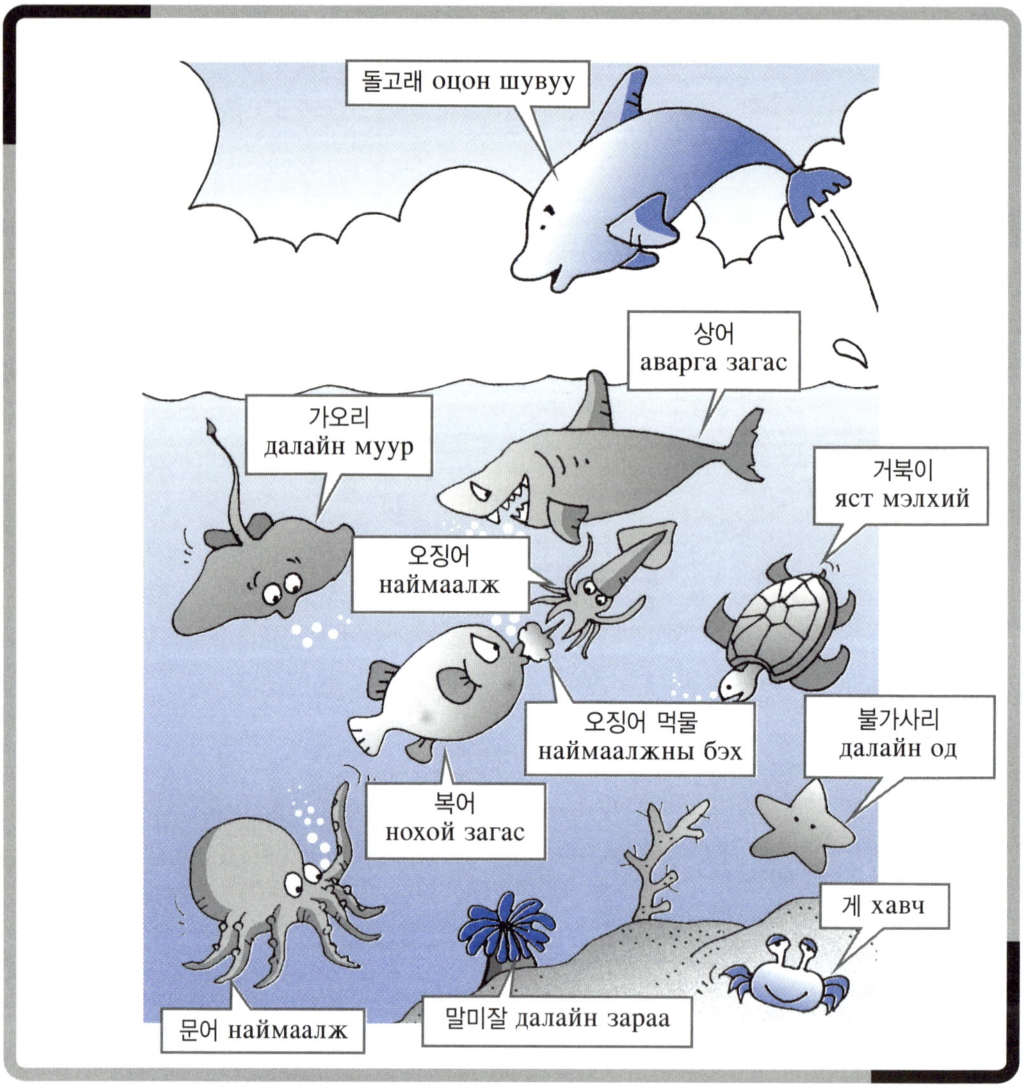

 ## 물고기 (Fische)

가자미 халпинь загас	고등어 амар загас	금붕어 алтан загас
대구 сагамхай загас	멸치 хар хайган загас	바다가재 голын хавч
상어 акул	새우 сам хорхой	송어 хулд загас
연어 яргай загас	오징어 наймаалж	잉어 мөрөг загас
장어 могой загас	정어리 май загас	참치 туна загас
펭귄 оцон шувуу	홍어 хальпин загас	굴 хясаа
홍합 наль хорхой, хясаа	고래 халим	

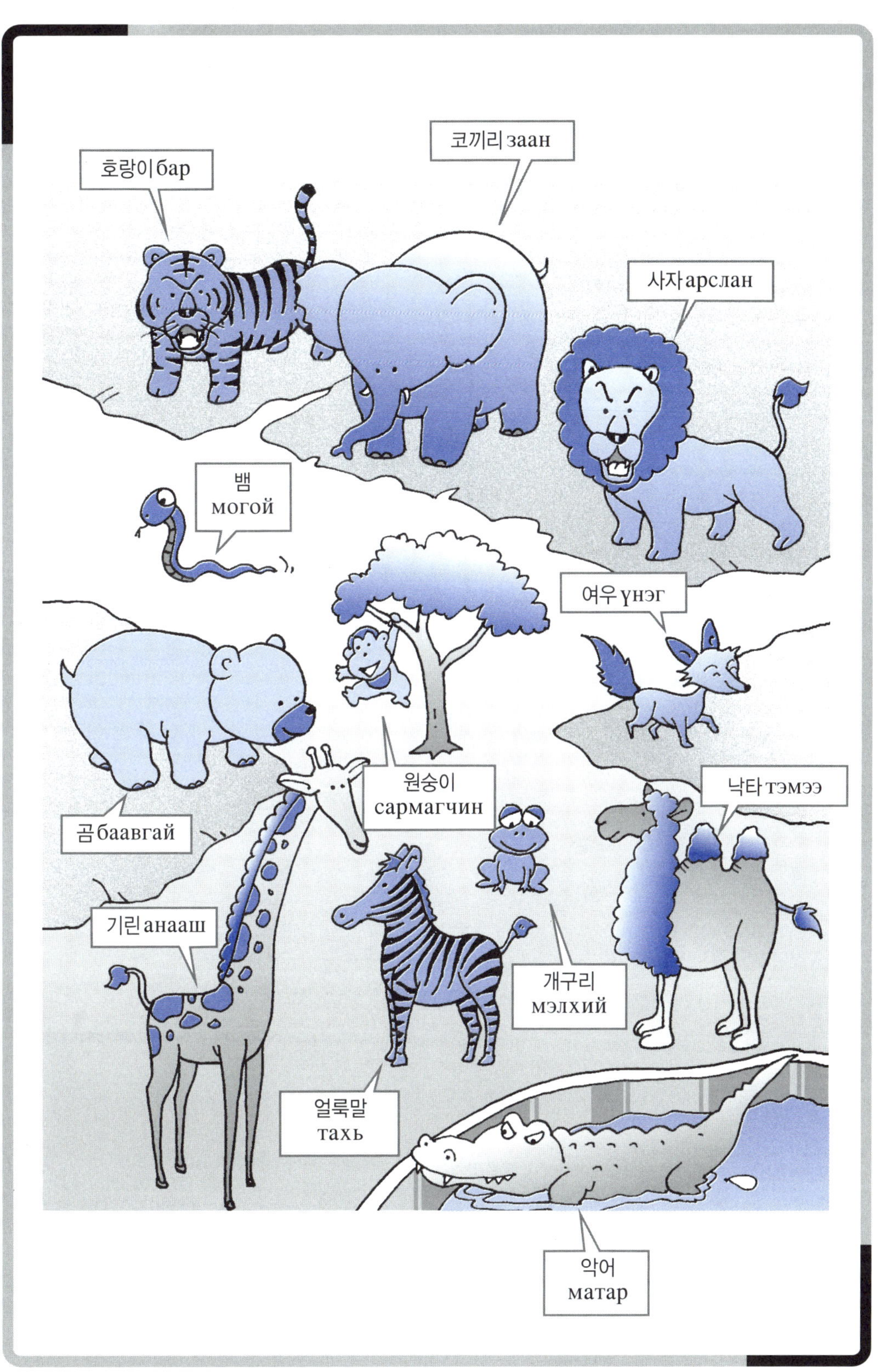

호랑이 бар
코끼리 заан
사자 арслан
뱀 могой
여우 үнэг
곰 баавгай
원숭이 сармагчин
낙타 тэмээ
기린 анааш
개구리 мэлхий
얼룩말 тахь
악어 матар

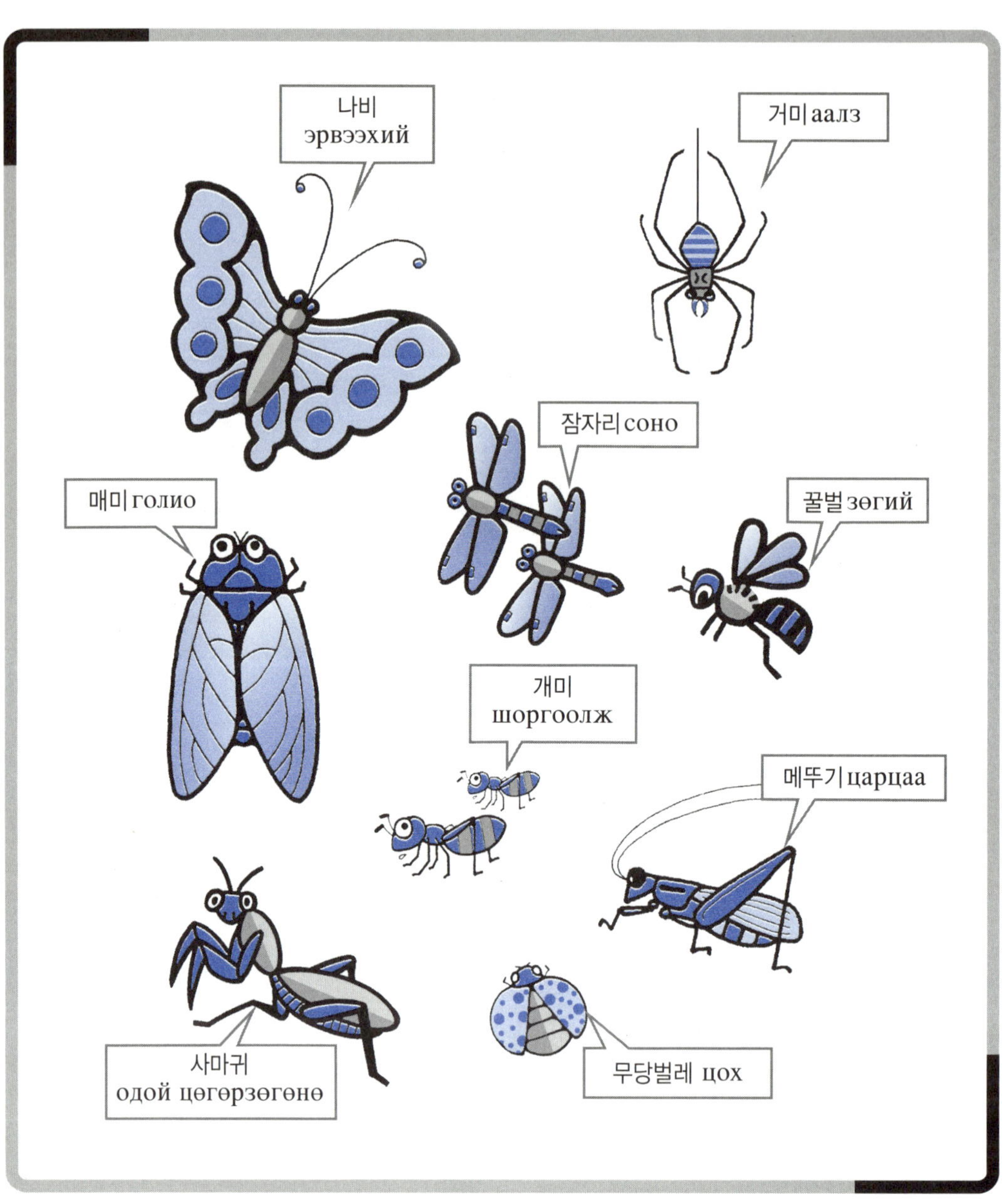

반딧불 гэрэлт цох	모기 шумуул	파리 ялаа
하루살이 гургуул	곤충 шавьж	벌레 хорхой
바퀴벌레 жоом	나방 хивэн хорхой	애벌레 авгалдай
고치 хүр хорхой	누에 торгоны хүр хорхой	
번데기 хүүхэлдэй	풍뎅이 цох	

- хараацай (제비) — 봄의 메신저 (хаврын элч)
- тагтаа (비둘기) — 평화의 비둘기 (энхийн цагаан тагтаа)
- цахлай (갈매기) — 바다의 새 (далайн шувуу)
- хэрээ (까마귀) — 불행을 예고하는 새
  (муу ёрын юмыг билэгддэг шувуу)
- тоть (앵무새) — 말하는 새 (ярьдаг шувуу)
- бүргэд (독수리) — 힘의 상징 (хүч чадлын бэлгэдэл)
- гургалдай (꾀꼬리) — 노래하는 새 (уран шувуу)

갈까마귀 хэрээ	갈매기 цахлай	공작새 тогос
기러기 хээрийн галуу	까치 шаазгай	나이팅게일 алтан тогос
독수리 бүргэд	백조 хун	앵무새 тоть
참새 болжмор, бор шувуу	학 хотон	

앵무새 (깃의 윗부분이 물결모양을 한 황록색의 앵무새) эрээн тоть

- Урт хэл хүзүү орооно. (말이 많으면 실수도 많다.)
- Цагаан тагтаа бол энх тайвны бэлгэдэл.
  (흰 비둘기는 평화의 상징이다.)
- Алтан гургалдай сайхан дуулдаг.
  (기운을 북돋아주는 새의 아름다운 노래 소리.)

Ⅰ. 다음 몽골어를 우리말로 말해 보세요.

(1) бух   _______________________

(2) морь   _______________________

(3) хонь   _______________________

(4) гахай   _______________________

(5) туулай   _______________________

(6) аварга загас   _______________________

(7) хавч   _______________________

(8) яргай загас   _______________________

(9) халим   _______________________

(10) мэлхий   _______________________

Ⅱ. 다음 낱말을 몽골어로 말해 보세요.

(1) 송아지   _______________________

(2) 암탉   _______________________

(3) 달팽이   _______________________

(4) 거위   _______________________

(5) 생쥐   _______________________

(6) 참치   _______________________

(7) 원숭이   _______________________

(8) 개미   _______________________

(9) 메뚜기   _______________________

(10) 앵무새   _______________________

식물 (Ургамал)

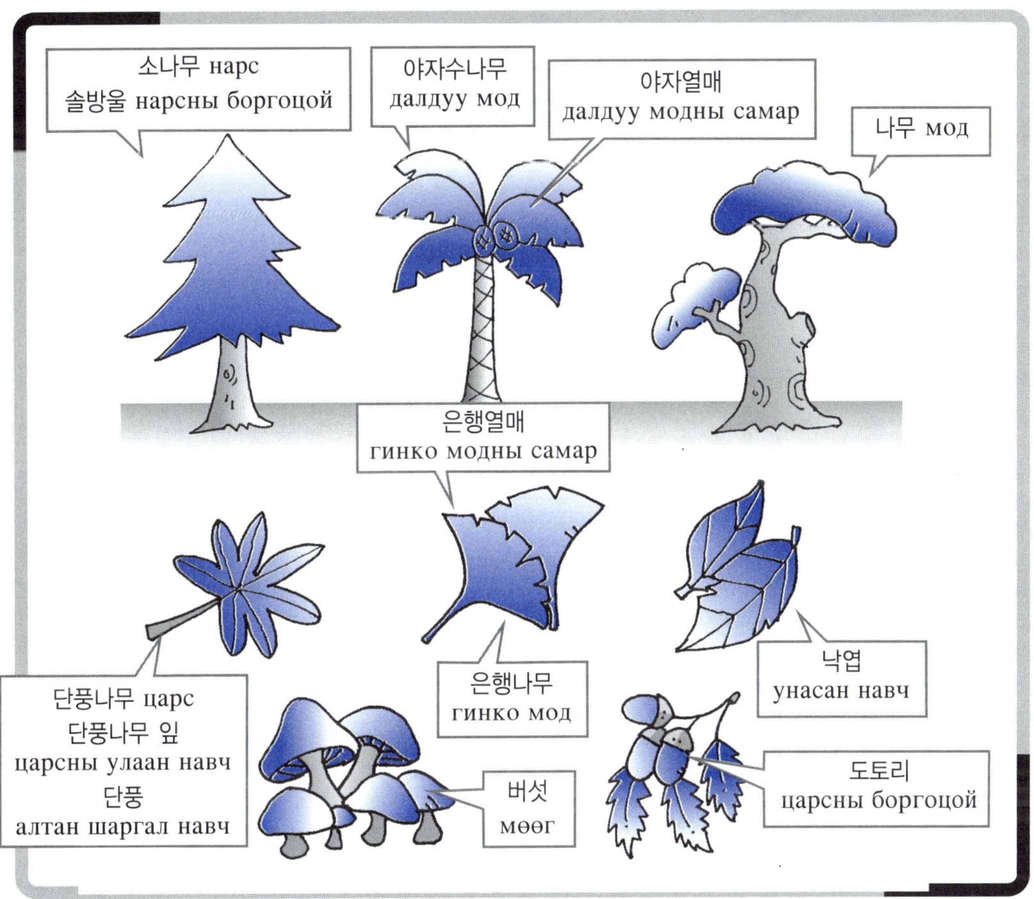

가문비나무 гацуур	감 хаш	감나무 хашийн мод
그루터기 хожуул	나뭇잎 модны навч	낙엽송 хар мод
너도밤나무 эвэрлэг мод	대나무 хулс	떡갈나무 царс
밤 туулайн бөөр	밤나무 туулайн бөөр мод	벚나무 интоорын мод
보리수 далдуу мод	뿌리 үндэс	소나무 нарс
수양버들 бургас, уд мод	오동나무 уянгат мод	월계수 лаврын мод
자작나무 хус мод	잣나무, 삿갓 솔 хуш мод	전나무 гацуур
참나무, 떡갈나무 царс	포플러 улиангар	호두나무 хушганы мод
잔 나뭇가지 салаа мөчир		줄기 үндэс
큰 나뭇가지 бүдүүн бахим мөчир		

개나리 шар солонго цэцэг		과꽃 гэсэрт цэцэг	
꽃다발 цэцгийн баглаа		꽃봉오리 цэцгийн дэлбээ	
꽃잎 цэцгийн навч		난초 цахирмаа цэцэг	
데이지 хонин нүдэн цэцэг		잔디 зүлэг	
장미 сарнай цэцэг		화분 цэцгийн сав	
화분 꽃 саванд тарьсан цэцэг			

- Хавар олон цэцэг дэлбээлдэг. (봄이 되면 꽃이 많이 핀다.)
- Соёо нахиалах. (싹이 튼다.)
- Ургамал ногоо нахиална. (그 식물의 줄기가 올라온다.)
- Жимс боловсорч гүйцэж байна. (열매가 익는다.)
- Энэ мод урт үндэстэй. (이 나무는 뿌리가 매우 깊다.)

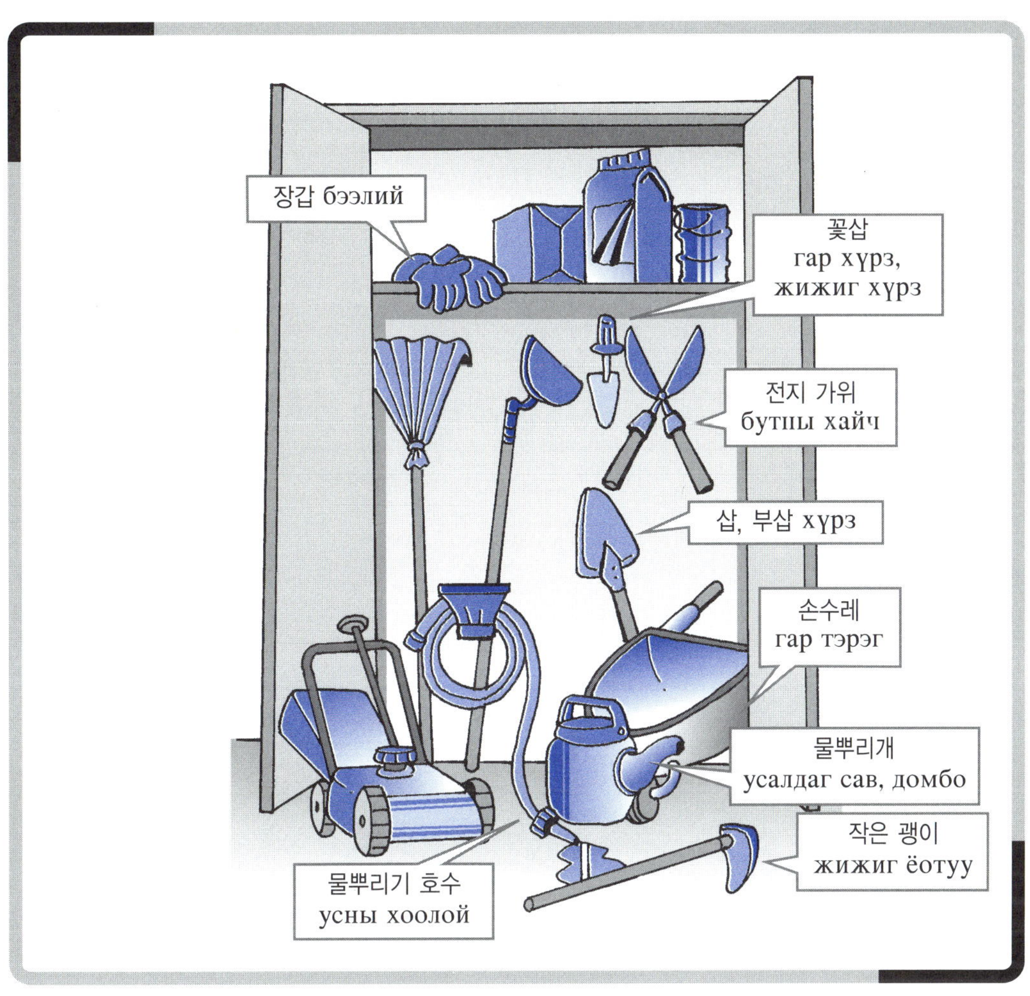

가위 хайч	곡괭이 ёотуу	낫 хадуур
대패 хөрс сэндийлэх багаж		드라이버 автирк
망치 алх	못 хадаас	밧줄 олс
붓, 솔 бийр, багс	빗자루 шүүр	소화기 гал унтраагч
손전등 гар чийдэн	송곳 цоолтуур, нүх гаргагч	
쓰레기통 хогийн сав	쓰레받기 хогийн хүрз	연장 багаж хэрэгсэл
연장통 багажны хайрцаг		톱 хөрөө
정원일 цэцэрлэгийн ажил, зүлэг ногоо арчлах		
줄자 олсон метр	집게 хавчаар	파리채 ялааны алуур

- сарнай (장미)　　　– 사랑의 상징 (хайрын бэлгэдэл)
- удвал цэцэг (국화)　– 애도의 꽃 (гашуудлын цэцэг)
- сараана цэцэг (백합) – 순결의 상징 (цэвэр ариуны бэлгэдэл)

Дасгал ажил

Ⅰ. 다음 몽골어를 우리말로 말해 보세요.

(1) мод　　　　　　　_______________________

(2) царсны боргоцой　_______________________

(3) модны навч　　　_______________________

(4) үндэс　　　　　　_______________________

(5) арвайн соёо　　　_______________________

(6) хулс　　　　　　　_______________________

(7) багваахай цэцэг　_______________________

(8) замбага цэцэг　　_______________________

(9) шүүр　　　　　　_______________________

(10) хадаас　　　　　_______________________

Ⅱ. 다음 낱말을 몽골어로 말해 보세요.

(1) 소나무　_____________　(2) 낙엽　_____________

(3) 버섯　_____________　(4) 줄기　_____________

(5) 밤　_____________　(6) 국화　_____________

(7) 연장　_____________　(8) 망치　_____________

(9) 드라이버　_____________　(10) 가위　_____________

33 채소 (Хүнсний ногоо)

근대 навчит манжин	녹두 мунго шош	무 цагаан лууван
배추 хятад байцаа	양배추 цагаан байцаа	샐러리 селери
빨간 양배추 ягаан байцаа		시금치 бууцай
아스파라거스 хэрээний нүд		아보카도 авокадо
애호박 хулуу	완두콩 буурцаг	콩 шош
콩나물 вандуйн соёо	토마토 улаан лооль	

겨자 гич	계피 шанцай	깨 гүнжид
굵은 소금 бүдүүн ширхэгтэй давс		로즈마리 розмари
마요라나 майоран	박하 гаа	백리향 ганга
사프란 сафран	샐비어 шар дэр	생강 цагаан гаа
설탕 элсэн чихэр	소금 давс	식초 цагаан цуу
오일 тос	파슬리 яншуй	회향풀 гоньд
후추 хар чинжүү		

땅콩 газрын самар	아몬드 бүйлс	잣 хуш модны самар
해바라기 씨 хар самар	헤이즐넛 самар	호두 хушга
코코넛 наргил модны самар		

Дасгал ажил

I. 다음 몽골어를 우리말로 말해 보세요.

(1) өргөст хэмх   ______________________

(2) сармис   ______________________

(3) лууван   ______________________

(4) цагаан лууван   ______________________

(5) жууцай   ______________________

(6) гич   ______________________

(7) давс   ______________________

(8) хушга   ______________________

(9) ногоон сонгино   ______________________

II. 다음 낱말을 몽골어로 말해 보세요.

(1) 양파   ______________________

(2) 옥수수   ______________________

(3) 감자   ______________________

(4) 가지   ______________________

(5) 시금치   ______________________

(6) 생강   ______________________

(7) 후추   ______________________

(8) 설탕   ______________________

(9) 아몬드   ______________________

과일 (Жимс)

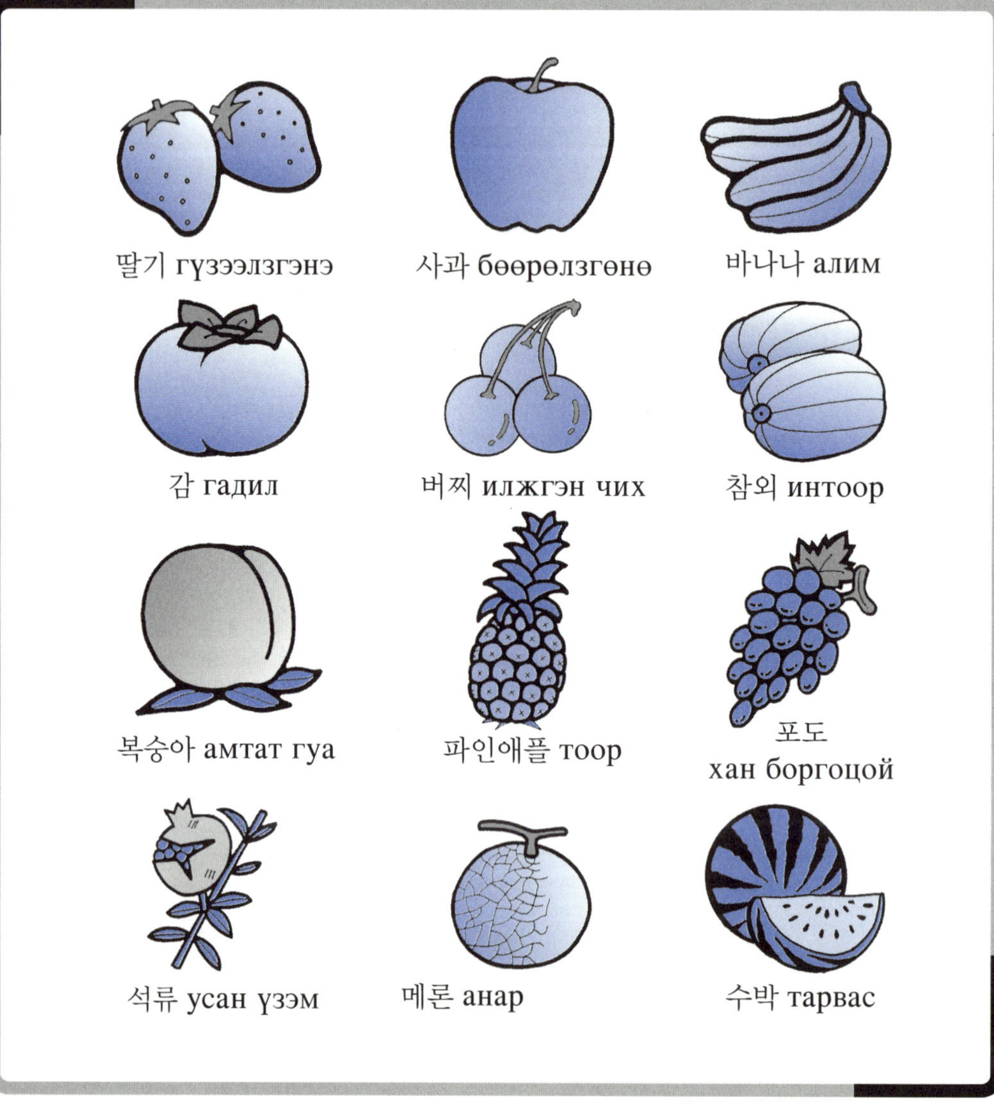

레몬 нимбэг	망고 манго	무화과 инжир
밀감 мандарин	배 лийр	살구 чавга
오디 ялам модны жимс		오렌지 жүрж
자두 хар чавга	자몽 бэрсүүт жүрж	키위 киви

- алим (사과)   –   алимны мод (사과나무)
- лийр (배)   –   лийрийн мод (배나무)
- олив (올리브)   –   оливын мод (올리브나무)
- бүйлс (호두)   –   бүйлс мод (호두나무)
- илжгэн чих (감)   –   илжгэн чихний мод (감나무)
- тоор (복숭아)   –   тоорны мод (복숭아나무)
- интоор (버찌)   –   интоорын мод (벗나무)
- инжир (무화과)   –   инжрийн мод (무화과 나무)

I. 다음 몽골어를 우리말로 말해 보세요.

    (1) гүзээлзгэнэ   ______________________

    (2) алим   ______________________

    (3) тоор   ______________________

    (4) хан боргоцой   ______________________

    (5) лийр   ______________________

    (6) ялам модны жимс   ______________________

    (7) хар чавга   ______________________

    (8) илжгэн чих   ______________________

    (9) нимбэг   ______________________

    (10) амтат гуа   ______________________

II. 다음 낱말을 몽골어로 말해 보세요.

    (1) 바나나   ______________________

    (2) 버찌   ______________________

    (3) 석류   ______________________

    (4) 수박   ______________________

    (5) 살구   ______________________

    (6) 자몽   ______________________

    (7) 밀감   ______________________

    (8) 호두나무   ______________________

    (9) 포도   ______________________

    (10) 무화과   ______________________

강 гол	강 언덕 голын	호수 нуур
연안, 해안 далайн эрэг	해변, 바닷가 далайн эрэг	바위 хад
부두 усан боомт	파도 давалгаа	담수/민물 цэнгэг ус
거친 바다 ширүүн давалгаа	잔잔한 바다 дөлгөөн далай	
염수/바닷물 давстай ус, далайн ус	조수 далайн татлага, түрлэг	
밀물 түрлэг	썰물 татлага	

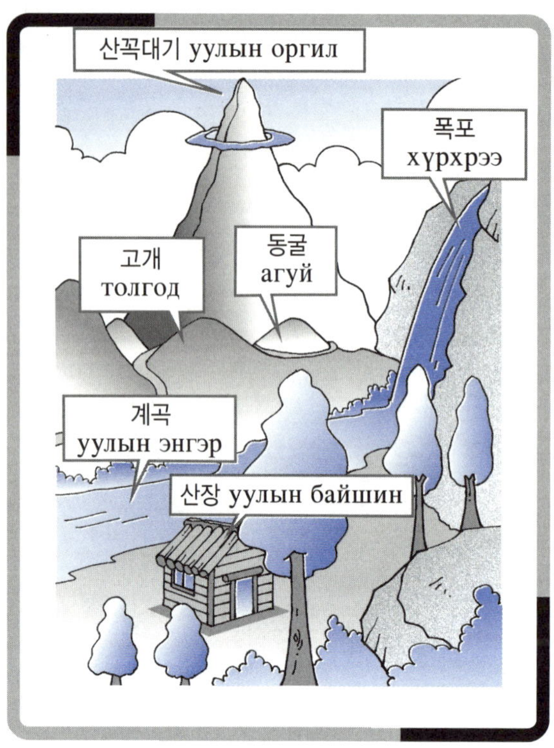

고도 өндөр газар

비탈길 аюултай зам

급류 ширүүн урсгал

오두막 овоохой, уулын байшин

평원 тал газар

작은 언덕 дов

풀밭 зүлэг

언덕, 구릉 толгой, дов

촌 тосгон

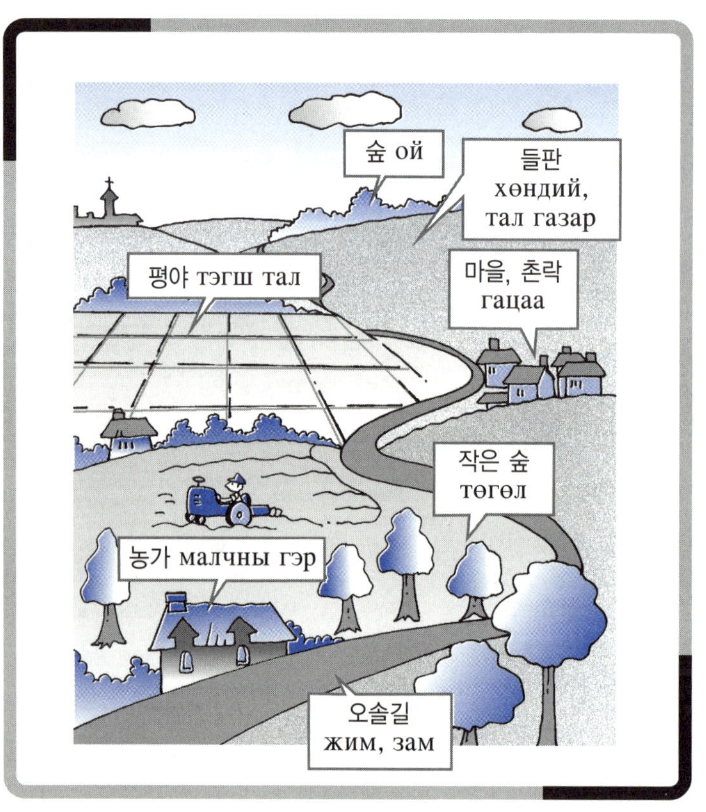

동네, 지역 тосгон

시골, 전원 хөдөө, газар

자연재해 (байгалийн гамшиг)

홍수 үер	눈사태 уулын цас нурах	산불 ойн түймэр
지진 газар хөдлөлт	해일 цунами	번개 аянга
벼락 аянга ниргэх	천둥 хүчтэй бороо	폭풍 шуурга
태풍 хар салхи, далайн шуурга		활화산 идэвхтэй галт уул
폭풍우 аянга цахилгаантай, ширүүн бороо		

Дасгал ажил

Ⅰ. 다음 몽골어를 우리말로 말해 보세요.

(1) хөлөг онгоц ________________

(2) хайрга ________________

(3) хад ________________

(4) боомт ________________

(5) далай ________________

(6) гол ________________

(7) цэнгэг ус ________________

(8) агуй ________________

(9) нам дор газар ________________

(10) жим, зам ________________

Ⅱ. 다음 낱말을 몽골어로 말해 보세요.

(1) 절벽 __________   (2) 구명조끼 __________

(3) 모래 __________   (4) 해안 __________

(5) 거친 바다 __________   (6) 조수 __________

(7) 고개 __________   (8) 농가 __________

(9) 산불 __________   (10) 해일 __________

색깔 형용사 (Өнгө заасан тэмдэг нэрс)

빨간 улаан	자주색의 улаан хүрэн	주황색의 шаргал
장미빛 색의, 밝은 분홍색의 цайвар ягаан		오렌지색의 шар
핑크색의, 짙은 분홍색의 ягаан		회색의 саарал
하늘색의 тэнгэрийн цэнхэр		파란 цэнхэр
노란 шар	하얀 цагаан	검은 хар
갈색의 бор	적갈색의 хүрэн улаан	초록의 ногоон
베이지색의 элсэн шар	보라색의 тод ягаан	밤색의 хүрэн бор
연보라색의 цайвар ягаан		

Өнгийн ... 색의

элсэн шар өнгийн 베이지 색의	тосон цагаан 크림색
зааны ясан цагаан 상아색의	алтан шаргал 금색의
улаан шаргал 연어색의	шав шаргал 오렌지색의
тод цэнхэр 파스텔색의	ягаан 핑크색의
хүрэн 자주색의	цайвар ягаан 장미빛색의
мөнгөн 은색의	

цайвар/цагаан 밝은 light

цайвар ногоон 밝은/연한 녹색의	цагаан цэнхэр 밝은/연한 청색의
боровтор 밝은/연한 갈색의	цайвар сараал 밝은/연한 회색의
цайвар улаан 밝은/연한 빨간	

хар/тод 어두운 dark

хар ногоон 어두운/짙은 초록색의	хар саарал 어두운/짙은 회색의
тод цэнхэр 어두운/짙은 파란색의	хүрэн улаан 어두운/짙은 빨간색의
бор саарал 어두운/짙은 갈색의	

스름한

불그스름한 улаавтар	초록빛이 도는 ногоовтор
푸르스름한 цэнхэрэвтэр	누르스름한 шаравтар
거무스름한 харавтар	희끄무레한 цагаавтар

스카이블루 тэнгэрийн хөх	감색 усан цэнхэр
청록색 номин ногоон	단색의 нэг өнгийн, цулгуй
다채로운 алаг, өнгө өнгийн	흑백 хар цагаан
밝은 гэрэлтэй	진한 харанхуй
무광택의 бүрэг	빛이 나는 гялалзсан
불투명한 нэвт харагддаггүй/нэвт гэрэлтдэггүй	
아주 대조적인 өнгө гэрлийн ялгарал сайтай	
약간 대조적인 өнгө гэрлийн ялгарал муутай	

I. 다음 몽골어를 우리말로 말해 보세요.

(1) хар _______________________

(2) улаан _______________________

(3) цагаан _______________________

(4) ногоон _______________________

(5) цэнхэр _______________________

(6) бор _______________________

(7) цайвар улаан _______________________

(8) тод цэнхэр _______________________

(9) шар _______________________

(10) ягаан _______________________

II. 다음 낱말을 몽골어로 말해 보세요.

(1) 노란 _______________________

(2) 회색의 _______________________

(3) 자주색의 _______________________

(4) 보라색의 _______________________

(5) 불그스름한 _______________________

(6) 누르스름한 _______________________

(7) 청록색의 _______________________

(8) 단색의 _______________________

(9) 다채로운 _______________________

(10) 불투명한 _______________________

색깔 (Өнгө) - II

- Энэ ямар өнгө вэ? (이것은 무슨 색이냐?)

  -Энэ бол цэнхэр өнгө. (이것은 파란색이다)

- Тэр эмэгтэйн үс ямар өнгөтэй вэ? (그녀의 머리카락은 무슨 색이냐?)

  -Тэр эмэгтэй хар үстэй. (그녀의 머리카락은 검은색이다.)

- Тэр эмэгтэйн нүд ямар өнгөтэй вэ? (그녀의 눈은 무슨 색이냐?)

  -Тэр эмэгтэй цэнхэр нүдтэй. (그녀의 눈은 파랗다.)

- Таны нүд яагаад ийм улаан болоо вэ? (너 왜 눈이 그렇게 빨갛지?)

  -Компьютер дээр их ажилласнаас нүд маань улаан болсон.
  (내 눈은 컴퓨터 작업으로 빨갛다.)

- Би энэ хайрцгийг шаргалаар будна. (나는 이 상자를 노란색으로 칠하겠다.)

〈숙어적 표현〉

- Гэмгүй цагаан байх 결백하다

  -Гэмгүй цайлган улс төрч гэж бараг байхгүй.
  (죄 없는 정치가는 거의 없다.)

- Цас шиг цагаан 눈처럼 하얀

  -Цасангоогийн царай цас шиг цагаан. (백설공주의 피부는 눈처럼 하얗다.)

- Согтуу 취하다

  -Өчигдөр орой би шал согтуу байсан. (나는 어젯밤 완전히 취했다.)

- Нүд нь хөхрөх 눈이 멍들다

  -Би хаалга тас мөргөөд нүд минь хөхөрсөн.
  (나는 문에 부딪혀서 눈이 멍들었다.)

- Өөртөө чөлөө өгөх, ажил таслах 무단으로 결근하다

  -Тэр энэ сард гурвын гурван удаа өөртөө чөлөө өгсөн.
  (그는 이 달에 벌써 3번이나 무단으로 결근하였다.)

- **Хар бараан болох/хар бараанаар харах** 비관적으로 보다

  - Хувьцааны үнийн уналтын дараа олон үнэт цаасны хөрөнгө оруулагчдын байдал хар бараан болов.
    (주가가 떨어진 후 많은 투자자들이 비관적이 되었다.)

  - Тэр гутранги үзэлтэн. Тэр бүхнийг хар бараанаар хардаг.
    (그는 염세주의자이다. 모든 것을 즉각 비관적으로 본다.)

- **Ухаангүй уурлах, маш их уурлах** 매우 화가 나다

  - Би энэ хэргээс болж ухаангүй уурласан.
    (나는 이 일로 매우 화가 났었다.)

- **Бүхнийг сайхнаар, өөдрөгөөр төсөөлөх** 낙관적으로 보다

  - Тэр бүхнийг өөдрөгөөр төсөөлдөг. (그는 모든 것을 낙관적으로 본다.)

- **Үхтлээ атаархах** 시기심에 불타다

  - Цасангаа түүнээс үзэсгэлэнтэй байсанд хатан хаан үхтлээ атаархав.
    (계모는 백설공주가 자기보다 더 예뻤기 때문에 시기심에 불탔다.)

- **Дампуурах** 적자를 보다

  - Компани эхний жилүүддээ хэвийн ажилласан ч, эдийн засгийн хямралын үед дампуурсан.
    (그 회사가 처음 몇 년 동안에는 흑자를 기록했으나, 경제위기 때 적자를 보았다.)

- **Улайх** 붉어지다

  - Уур хилэндээ багтран улайв. (그는 화가 나서 얼굴이 붉어졌다.)

  - Тэр сандрахаараа амархан улайдаг.
    (그녀는 당황하면 쉽게 얼굴이 붉어진다.)

  - Би ганцхан хундага дарс уугаад л улайчихдаг.
    (나는 와인을 한 잔만 마셔도 얼굴이 붉어진다.)

- **Бухын өмнөх улаан алчуур түүний уур хилэнг бадраадаг.**
  무엇이 누구를 즉시 화나게 하는 것이다

  - Хуучин найз эмэгтэйг нь бүү дурсаарай. Түүний хувьд улаан алчуур л гэсэн үг.
    (그의 옛 여자 친구 얘기를 하지 마라. 그 말만 하면 즉시 화를 낸다.)

- **Шар ном эргүүлэх** 전화번호부 상호 편을 찾아보다

  - Тэр компанийн утсыг мэдэхгүй бол шар ном эргүүлээд үз.
    (그 회사 전화번호를 모르면, 전화번호부 상호 편을 찾아 봐.)

- Шар карт (축구) 옐로우 카드

  - Шүүгч тэр тоглогчийг шар картаар торгов.
    (심판이 그 선수에게 옐로우 카드를 보였다.)

- Өндөгний шар/сайн хэсэг 최상인 것

  - Шинэ тогтоомж бол өндөгний шар биш. Сайжруулах зүйл их бий.
    (새 규정도 여전히 최상은 아니다. 몇 가지가 더 개선되어야 한다.)

- Ногоон модтой газраар зугаалах (푸른 나무들이 있는) 야외로 가다

  - Амралтын өдрөөр бид ихэвчлэн зугаалдаг.
    (주말에 우리는 자주 야외로 나간다.)

- Нялх ногоон, туршлагагүй 머리에 피도 안 말랐다

  - Тэр нялх ногоон. Сурах зүйл их бий.
    (그는 아직 풋내기이다. 아직 많이 배워야 한다.)

- Улс төрийн ногоон үзэл 친환경정책

  - Ногоон үзэл бол сонголт гэхээсээ илүү зайлшгүй шаардлага болоод
    байна. (친환경 정책은 더 이상 선택사항이 아니라, 필수적인 일이다.)

- Цагаан (흰색) – цэвэр ариун (순수) / үнэн (진리)

  - Тэр цагаан хувцас өмсөж гэрлэнэ. (그녀는 하얀 드레스를 입고 결혼한다.)

  - Царай нь цас шиг цагаан болон цонхийв.
    (그녀의 얼굴이 핏기가 하나도 없이 하얗게 되었다.)

  - Надад итгэхгүй бол би цагаан дээрх хар шиг тодорхой нотлоод өгье.
    (제 말을 믿지 않으시면, 명확한 증거를 제시해 드리겠습니다.)

- Хар ажил 불법 노동

  - Хар ажил гэдэг бол татвар төлдөггүй ажил.
    (불법 노동이란 세금을 내지 않고 하는 노동 행위이다.)

- Хараар ажиллах 불법으로 일하다

  - Ажил хийх зөвшөөрөлгүй тул хараар ажиллахаас өөр замгүй.
    (그는 노동허가서가 없기 때문에 불법으로 (몰래) 일해야 한다.)

- Хар зах 암시장

- Хууль бус зүйл хийх 밀주를 만들다

- Голд нь онох 적중하다

  - Чи яг голыг нь олж хэллээ. (너의 짐작은 적중했다.)

–Хүлээгээд хүлээгээд ирэхгүй дээ! (어디 끝까지 기다려 봐 소용이 있나!)
• 몽골 국기의 색
  –Хар улаан шар/Хар-Улаан-Шар далбаа/Монголын төрийн далбаа

Ⅰ. 다음 몽골어를 우리말로 말해 보세요.

(1) Энэ ямар өнгө вэ?

____

(2) Тэр эмэгтэй хар үстэй.

____

(3) Тэр эмэгтэй цэнхэр нүдтэй.

____

(4) Өчигдөр орой би шал согтуу байсан.

____

(5) Уурлаад бүр улайв.

____

Ⅱ. 다음 우리말을 몽골어로 말해 보세요.

(1) 불법노동

____

(2) 그 회사가 흑자를 기록했다.

____

(3) 그는 불법으로 일한다.

____

(4) 주말에 우리는 자주 야외로 나간다.

____

(5) 그는 염세주의자이다. 모든 것을 즉각 비관적으로 본다.

____

성격, 특징 (Зан төлөв, онцлог шинж)

큰 том, өндөр

작은 жижиг, намхан

날씬한 туранхай

살찐 бүдүүн

유연한 хөдөлгөөнтэй

뻣뻣한 хөшүүн

마른
эцэнхий, туранхай

포동포동한 махлаг

활동적인 идэвхтэй

둥근
дугуй, бөөрөнхий

긴 урт
타원형의 зуйван

가진 өнцөгтэй, шовх
삼각형의 гурвалжин

Тэр эрэгтэй маш намхан. (그는 키가 아주 작다.)
             намхан. (키가 작다.)
             дунд зэргийн нуруутай. (키가 보통이다.)
             өндөр. (키가 크다.)
             маш өндөр (키가 아주 크다.)
             аварга том (거구이다.)

Тэр эмэгтэй их туранхай. (그녀는 말랐다.)
             нарийхан, гоолиг. (날씬하다.)
             махлаг. (포동포동하다.)
             бүдүүн. (뚱뚱하다/살쪘다.)
             илүү жинтэй. (비만이다.)

Ⅰ. 다음 낱말을 우리말로 말해 보세요.

(1) ухаалаг   _______________________

(2) тэвчээртэй   _______________________

(3) тэнэг   _______________________

(4) чалчаа   _______________________

(5) зөрүүд   _______________________

(6) бүдүүн   _______________________

(7) нарийн, туранхай   _______________________

(8) хөдөлгөөнтэй   _______________________

(9) шовх   _______________________

(10) зуйван   _______________________

Ⅱ. 다음 우리말을 몽골어로 말해 보세요.

(1) 참을성 없는   _______________________

(2) 게으른   _______________________

(3) 과묵한   _______________________

(4) 포동포동한   _______________________

(5) 둥근   _______________________

(6) 각진   _______________________

(7) 날씬한   _______________________

(8) 유연한   _______________________

(9) 냉담한   _______________________

(10) 신중한   _______________________

39

수 (Too) - I

 수 (Too)

0

ТЭГ

1 нэг

2 хоёр

3 гурав

4 дөрөв

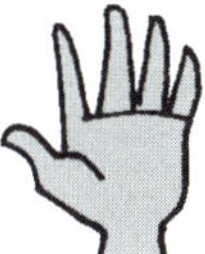

5 тав

6 зургаа

7 долоо

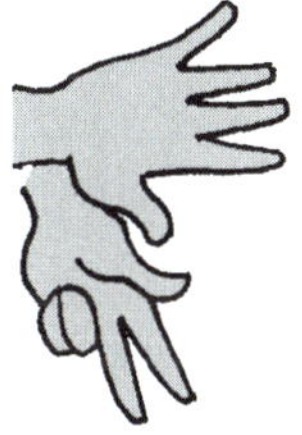

8 найм

9 ес

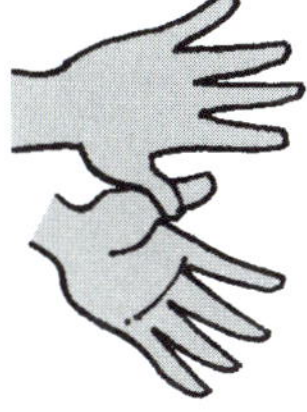

10 арав

11 арван нэг	12 арван хоёр
13 арван гурав	14 арван дөрөв
15 арван тав	16 арван зургаа
17 арван долоо	18 арван найм
19 арван ес	20 хорь
21 хорин нэг	22 хорин хоёр
23 хорин гурав	24 хорин дөрөв
25 хорин тав	26 хорин зургаа
27 хорин долоо	28 хорин найм
29 хорин ес	30 гуч

31 гучин нэг	40 дөч
41 дөчин нэг	50 тавь
51 тавин нэг	60 жар
61 жаран нэг	70 дал
71 далан нэг	80 ная
81 наян нэг	90 ер

91	ерэн нэг
100	зуу
1000	мянга
100.000	зуун мянга
1.000.000	нэг сая
10.000.000	арван сая
1.000.000.000	нэг тэрбум
1.000.000.000.000	нэг их наяд

기수는 ein을 제외하고는 어미변화 하지 않음.

ном 한 권의 책	цэцэг 한 송이의 꽃
гурван ном 세 권의 책	гурван цэцэг 세 송이의 장미

 ## 서수 (ДЭС ТОО)

서수는 19까지는 기수에 −t를 붙이고(арван есдүгээр-), 20이상은 −st를 붙여 만들며(хорьдугаар-), 형용사처럼 어미변화를 한다. 일부 형태변화에 유의해야 한다. (нэг → тэргүүн-, гурав → гутгаар-, долоо → долдугаар-)

1. тэргүүн, нэгдүгээр, нэг дэх-	13. арван гуравдугаар
2. удаах, хоёрдугаар, хоёр дахь-	19. арван есдүгээр
3. гутгаар-	20. хорьдугаар
4. дөрөвдүгээр-	30. гучдугаар
5. тавдугаар-	40. дөчдүгээр
6. зургадугаар-	50. тавьдугаар
7. долдугаар-	60. жардугаар
8. наймдугаар	70. далдугаар
9. есдүгээр	80. наядугаар
10. аравдугаар	90. ердүгээр
11. арван нэгдүгээр	100. зуудугаар
12. арван хоёрдугаар	

- Би аравдугаар/арван давхарт амьдардаг. (나는 11층에 산다.)

- Хэн түрүүлж/тэргүүнд/нэгдүгээрт ирсэн бэ?
  (누가 첫 번째로 도착했습니까?)

- Энэ таны хоёр дахь удаагийн хоцролт.
  (네가 늦게 온 것이 벌써 두 번째이다.)

- Тавдугаар эгнээнд сул суудал байна.
  (다섯 번째 줄에 아직 자리가 비어있다.)

- Солонгосын баг одоогоор гуравдугаарт явж байна.
  (한국 팀이 이제 3등이다.)

- Тавдугаар саран нэгэн бол Солонгост ажилчдын өдөр.
  (5월 1일은 한국에서 노동절이다.)

- Аравдугаар сарын гуравны өдөр бол Солонгост улс байгууагдсаны
  баярын өдөр. (10월 3일은 한국에서 개천절이다.)

- Зул сар арван хоёрдугаар сарын 25-нд болдог.
  (크리스마스는 12월 25일이다.)

- Би тавдугаар сарын найманд төрсөн. (나는 5월 8일이 생일이다.)

- Монгол Улс, БНСУ мянга есөн зуун ерэн нэгэн оны гуравдугаар
  сарын хорин зургааны өдөр дипломат харилцаа тогтоосон.
  (몽골과 대한민국은 1991년 03월 26일에 수교를 맺었다.)

Ⅰ. 다음 낱말을 몽골어로 말해 보세요.

(1) 기수   ___________________________

(2) 서수   ___________________________

(3) 16   ___________________________

(4) 23   ___________________________

(5) 십만   ___________________________

(6) 천만   ___________________________

(7) 7번째   ___________________________

(8) 11번째   ___________________________

(9) 30번째   ___________________________

(10) 백번째   ___________________________

Ⅱ. 다음 우리말을 몽골어로 말해 보세요.

(1) 나는 3층에 산다.

____

(2) 내 생일은 10월 8일이다.

____

(3) 6번째 줄에 아직 자리가 비어있습니다.

____

(4) 11월 26일은 몽골 독립기념일이다.

____

(5) 네가 늦게 온 것이 벌써 3번째이다.

____

수 (Too) - Ⅱ

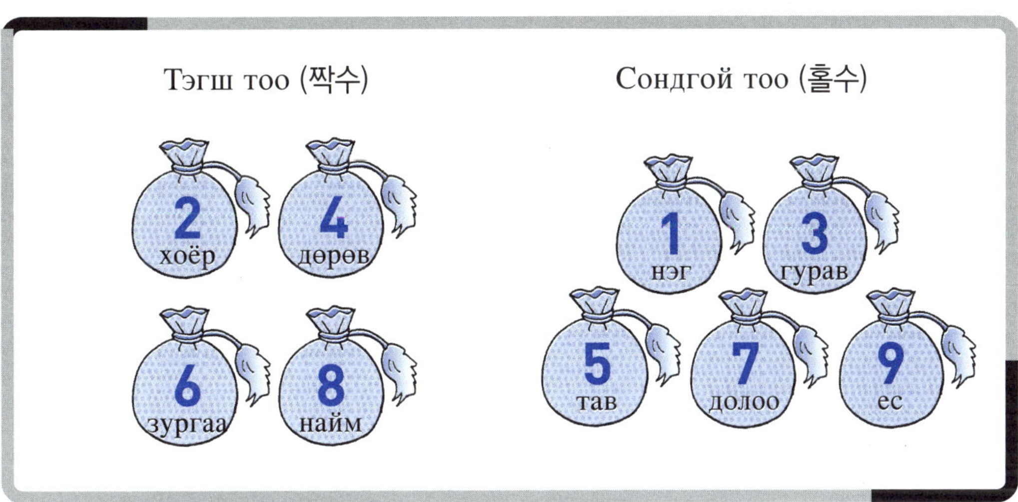

 분수 (бутархай)

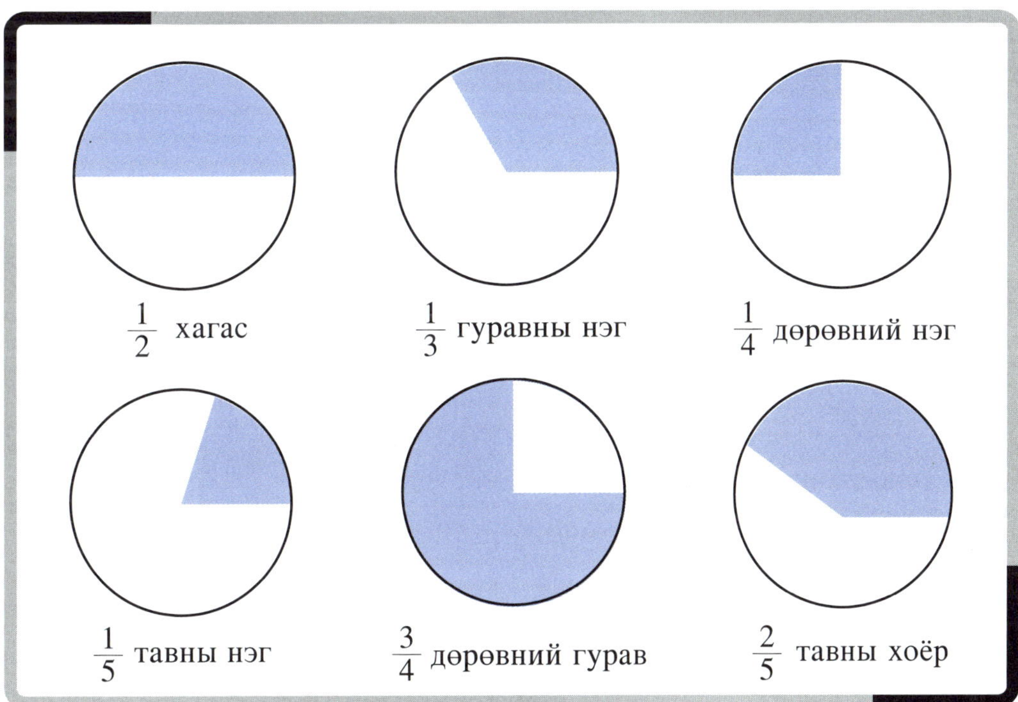

- Нэмэх үйлдэл(더하기) : 2+5=7 (хоёр дээр тавыг нэмээд тэнцүү долоо)

  нэмэх(더하다) Хоёр дээр тавыг нэмээрэй.

- Хасах үйлдэл(빼기) : 9−3=6 (есөөс гурвыг хасаад тэнцүү зургаа)

  хасах(빼다) Есөөс гурвыг хасаарай.

- Үржүүлэх үйлдэл(곱하기) : 4×5=20

  (дөрвийг таваар үржүүлээд тэнцүү хорь)

  үржих(곱하다) Дөрвийг таваар үржүүлнэ үү.

- Хуваах үйлдэл(나누기) : 16÷2=8

  (арван зургааг хоёрт хуваагаад тэнцүү найм)

  хуваах(나누다) Арван зургааг хоёрт хуваагаарай.

백분율 хувь: 8% (найман хувь)	어림수 ойролцоо тоо
정확한 수 бүхэл тоо	2배 хоёр дахин
3배 гурав дахин	4배 дөрөв дахин
1000㎡ мянган метр квадрат	53 тавын гурван зэрэг
계산하다 тоо бодох, тооцох	

- Нэг үгээр хэлэх 한 마디로 (요약해서)

  Нэг үгээр хэлэхэд, Би эсэргүүцэж байна. (한 마디로, 나는 반대한다.)

- Хоёулаа, хоёр биеийнхээ төлөө <ажиллах, хооллох, уух>
  (한 사람 몫 이상) 많이 〈일하다, 먹다, 마시다〉

  Тэр хоёр бинээ тэжээхээр хөдөлмөрлөдөг. (그는 두 사람 몫을 일한다.)

- Тэр гурав хүртэл ч тоолж мэдэхгүй/Тэр бол мулгуу. (그는 멍청하다.)

- Дөрвөн мөчөө тэнийлгэх 휴식을 취하다

  Ингэж их ажилласны дараа дөрвөн мөчөө тэнийлгэмээр байв.
  (이 힘든 일이 끝나면 손발 쭉 뻗고 한번 쉬고 싶다.)

- Дөрвөн хөллөж <явах, мөлхөх> (손발을 짚고) 기어가다

  Цэргүүд өргөст тор хүртэл дөрвөн хөллөн мөлхөв.
  (군인들이 철조망까지 포복으로 기어갔다.)

- Таагдашгүй оньсого 이해하기 힘든 것

  Математик бол миний хувьд таашгүй оньсого л гэсэн үг.
  (수학은 내게 이해하기 힘든 것이다.)

- Тэр долоо хоноод буцаж ирнэ. (그는 일주일 후에 돌아온다.)

- Ээ, шиноков минь дээ! (아이고 깜짝이야!)

- Одоо ингээд боль! (됐어, 이제 그만!)

- Авга эгч маань нэлээн өндөр настай.
  (우리 고모는 벌써 나이가 아주 많다.)

- Түүнд хэлэнгүүт багтартлаа уурласан.
  (내가 그에게 그 이야기를 하자, 그는 즉시 노발대발했다.)

- Хохирол нь тооцоолохын аргагүй.
  (손해가 백만 유로를 넘는다/매우 크다.)

계산서(Тооцоо, төлбөр) 작성하기

부가가치세 НӨТ(Нэмүү өртгийн татвар)	단가 ширхгийн үнэ
세금포함 가격 татвар орсон үнэ	면세 татваргүй
원가 үйлдвэрлэх зардал	시가 зах зээлийн үнэ
정가 тогтсон үнэ	지불총액 нийт хэмжээ
지불 төлбөр	

Ⅰ. 다음 낱말을 몽골어로 말해 보세요.

(1) 짝수　　　　______________________

(2) 홀수　　　　______________________

(3) 분수　　　　______________________

(4) 사칙연산　　______________________

(5) 백분율　　　______________________

(6) 부가가치세　______________________

(7) 면세　　　　______________________

(8) 시가　　　　______________________

(9) 지불총액　　______________________

(10) 지불　　　 ______________________

Ⅱ. 다음 우리말을 몽골어로 말해 보세요.

(1) 한 마디로 말해서, 나는 반대다.

____

(2) 5 더하기 6은 11이다.

____

(3) 3 곱하기 5는 15이다.

____

(4) 그는 멍청하다.

____

(5) 나는 일주일 후에 돌아온다.

____

방향 (Зүг чиг)

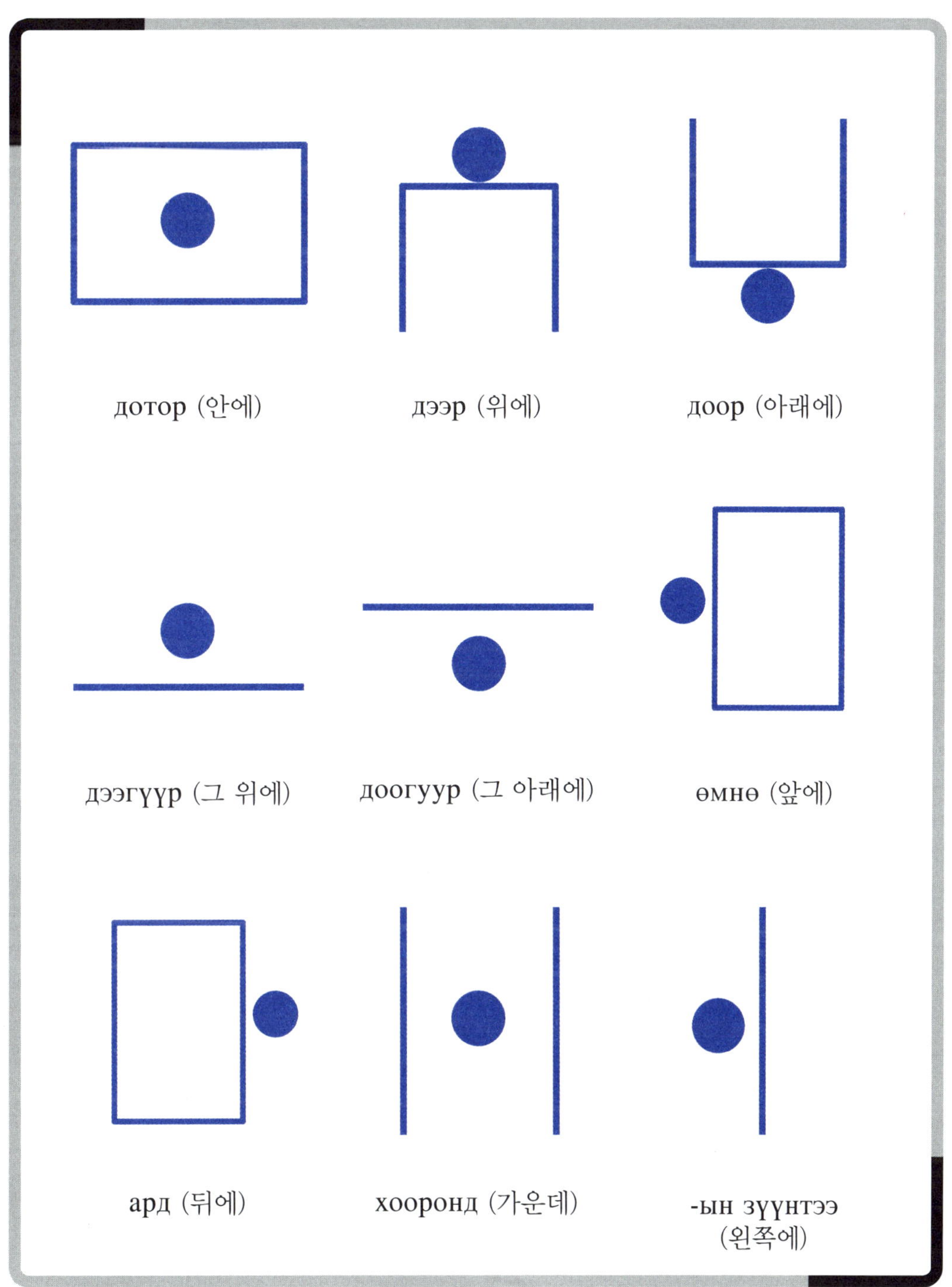

дотор (안에)
дээр (위에)
доор (아래에)
дээгүүр (그 위에)
доогуур (그 아래에)
өмнө (앞에)
ард (뒤에)
хооронд (가운데)
-ын зүүнтээ
(왼쪽에)

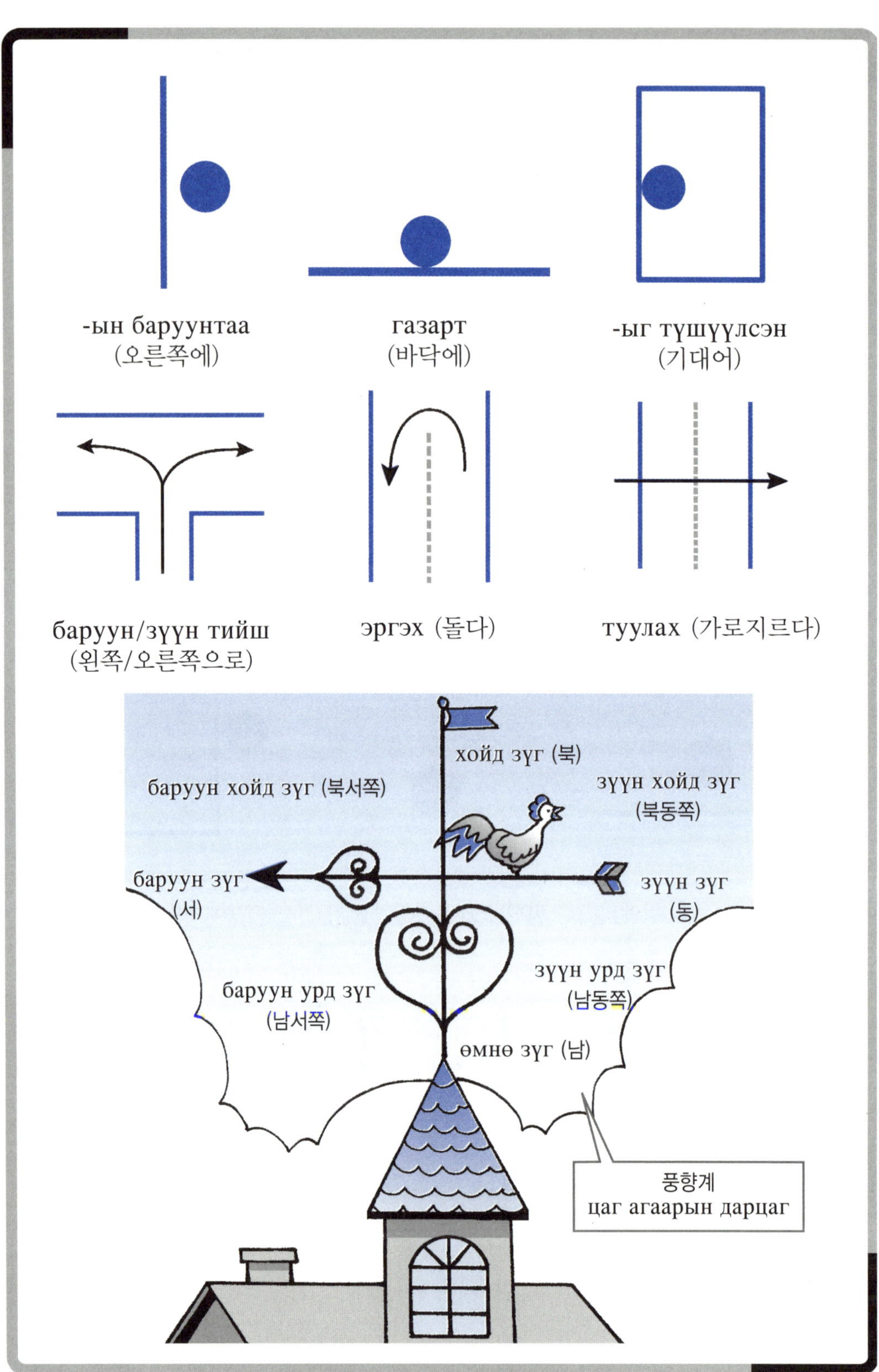

-ын баруунтаа
(오른쪽에)
газарт
(바닥에)
-ыг түшүүлсэн
(기대어)
баруун/зүүн тийш
(왼쪽/오른쪽으로)
эргэх (돌다)
туулах (가로지르다)
хойд зүг (북)
баруун хойд зүг (북서쪽)
зүүн хойд зүг
(북동쪽)
баруун зүг
(서)
зүүн зүг
(동)
баруун урд зүг
(남서쪽)
зүүн урд зүг
(남동쪽)
өмнө зүг (남)
풍향계
цаг агаарын дарцаг

• Миний бал хаана байна вэ? (내 볼펜이 어디에 있지요?)

 – Ширээн дээр байна. (탁자 위에 있어요.)

• Таны машин шуудангийн хойно байгаа юу?
(선생님 차가 우체국 뒤에 있습니까?)

 – Үгүй, өмнө нь байгаа. (아뇨, 우체국 앞에 있습니다.)

• Музей хаана байдаг вэ? (박물관이 어디에 있습니까?)

• Баруун тийшээ юу, зүүн тийшээ юу?
(오른쪽에 있나요, 아니면 왼쪽에 있나요?)

 – Биш дээ, та чигээрээ яв. (아닙니다. 똑바로 가세요.)

• Баруун тийш (부사: 오른쪽에)– эрх (명사: 권리)– зөв, баруун (형용사: 오
른쪽의)

 – Баруун тийш яваарай. (오른쪽으로 가세요.)

 – Та ямар эрхтэй болоод надад тушаагаад байна вэ?
  (네가 무슨 권리로 내게 명령하니?)

(주의: Таны зөв. (당신 말이 맞습니다.))

 – Баруун гар өвдөж байна. (형용사) 오른팔이 아파요.

Ⅰ. 다음 낱말을 몽골어로 말해 보세요.

(1) ~안에　　　　　　＿＿＿＿＿＿＿＿＿＿

(2) ~위에　　　　　　＿＿＿＿＿＿＿＿＿＿

(3) ~의 왼쪽에　　　　＿＿＿＿＿＿＿＿＿＿

(4) 바닥에　　　　　　＿＿＿＿＿＿＿＿＿＿

(5) 가로지르다　　　　＿＿＿＿＿＿＿＿＿＿

(6) 북동쪽　　　　　　＿＿＿＿＿＿＿＿＿＿

(7) 남서쪽　　　　　　＿＿＿＿＿＿＿＿＿＿

(8) ~의 앞에　　　　　＿＿＿＿＿＿＿＿＿＿

(9) ~에 기대어　　　　＿＿＿＿＿＿＿＿＿＿

(10) ~의 뒤에　　　　＿＿＿＿＿＿＿＿＿＿

Ⅱ. 다음 우리말을 몽골어로 말해 보세요.

(1) 네 자동차가 어디에 있니?

＿＿＿＿＿＿＿＿＿＿＿＿＿＿＿＿＿＿＿＿＿

(2) 내 자동차는 박물관 뒤에 있어.

＿＿＿＿＿＿＿＿＿＿＿＿＿＿＿＿＿＿＿＿＿

(3) 우체국이 어디에 있습니까?

＿＿＿＿＿＿＿＿＿＿＿＿＿＿＿＿＿＿＿＿＿

(4) 왼쪽으로 가세요.

＿＿＿＿＿＿＿＿＿＿＿＿＿＿＿＿＿＿＿＿＿

(5) 그것은 당신 말이 맞습니다.

＿＿＿＿＿＿＿＿＿＿＿＿＿＿＿＿＿＿＿＿＿

통행 (Зам, замын сүлжээ)

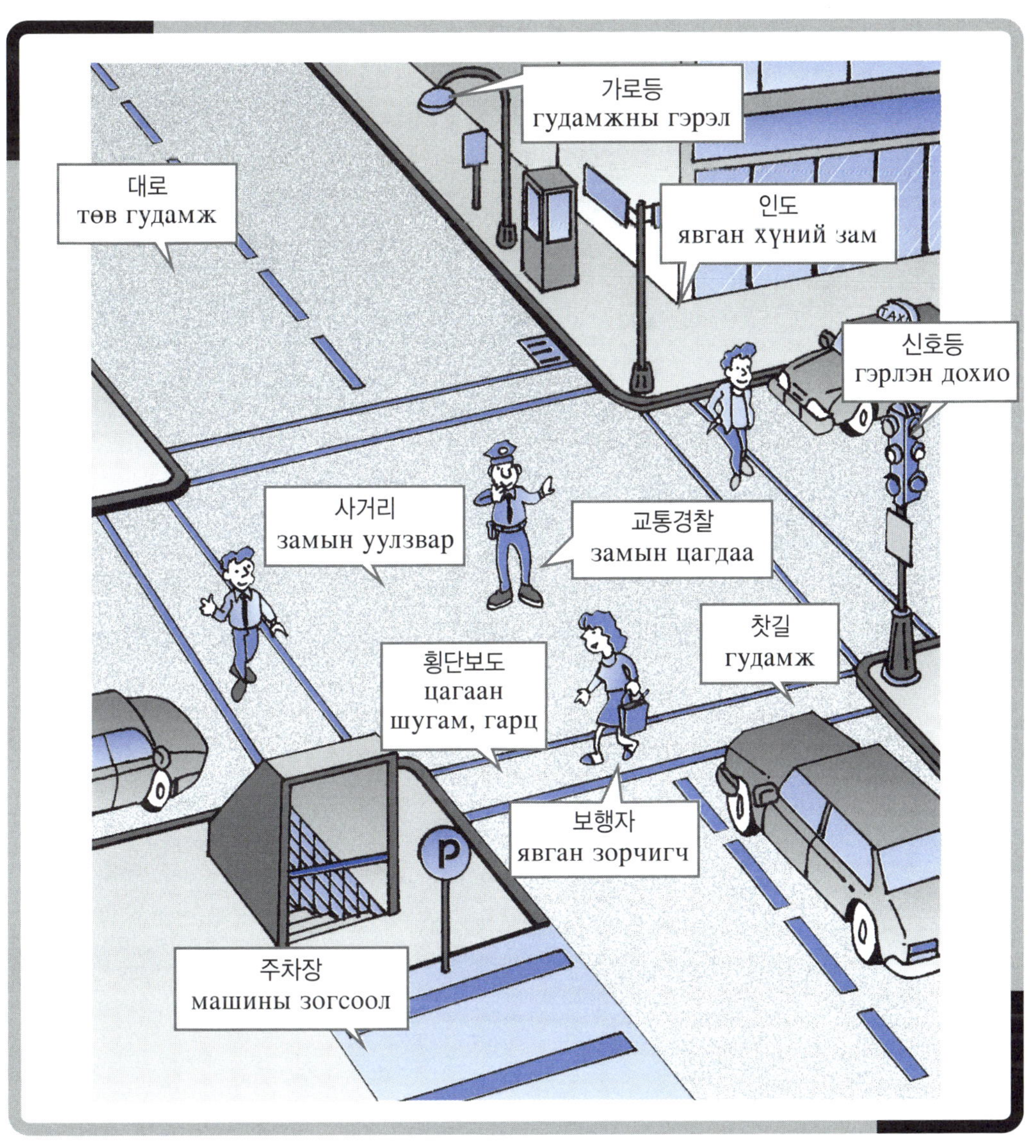

거리 зам	로터리 тойрог
주차요금 미터 зогсоолын цаг	무료의 төлбөргүй
유료의 төлбөртэй	차도를 건너다 зам хөндлөн гарах
지하주차장 газар доорх гарааш, машины зогсоол	
보도 위를 걷다 явган хүний замаар явах, замын хажуугаар явах	

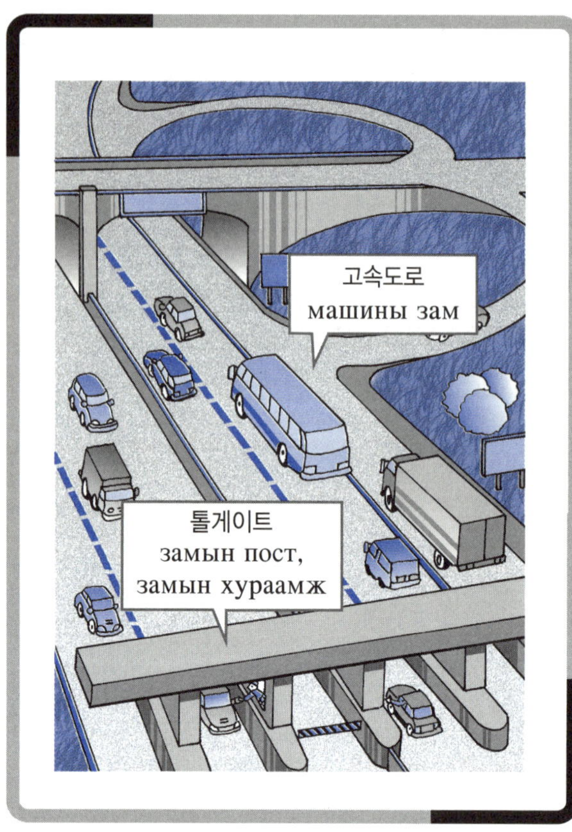

벌금 торгууль

커브돌기 буцаж эргэх

추월하다 гүйцэж түрүүлэх

통행금지 нэвтрэх зам хаалттай

일방통행 нэг урсгалтай зам

주의 болгоомж, анхааруулга

위험 аюул

차고 гарааш

공사중 засварын ажил, замын ажил

신호등 гэрлэн дохио

트럭 ачааны машин

교통체증 замын түгжрээ, бөглөрөл

자전거 도로 дугуйн зам

교차로 (4) замын уулзвар

속도제한 тогтоосон хурдны хязгаар

혼잡한 시간 замын цагийн хуваарь

우회로 салаа зам

자갈길 шороон зам

유턴금지 эргэх хориотой

주차금지 машин тавих хориотой

횡단보도 явган хүний гарц

미끄러운 도로 халтиргаатай, гулгах аюултай

국도 хөдөөний зам, холын зам

속도를 늦추시오 хурдаа саах

좁아지는 길 зам нарийсах

전조등을 켜시오 гэрлээ асаах

I. 다음 몽골어를 우리말로 말해 보세요.

(1) явган хүний зам ______________________

(2) замын цагдаа ______________________

(3) замын уулзвар ______________________

(4) зогсоолын цаг ______________________

(5) гүйцэж түрүүлэх ______________________

(6) нэвтрэх хориотой, зам хаасан ______________________

(7) замын ажил, засварын ажил ______________________

(8) замын түгжрээ ______________________

(9) хурдны хязгаарлалт ______________________

(10) машин тавих хориотой ______________________

II. 다음 낱말을 몽골어로 말해 보세요.

(1) 가로등 ______________________

(2) 신호등 ______________________

(3) 찻길 ______________________

(4) 주차장 ______________________

(5) 톨게이트 ______________________

(6) 차도를 건너다 ______________________

(7) 차고 ______________________

(8) 일방통행 ______________________

(9) 우회로 ______________________

(10) 횡단보도 ______________________

전시회 үзэсгэлэн	영화관 кино
극장 театр	오페라극장 дуурийн театр
관객 үзэгч	칸막이 좌석 лоож
좌석의 열 суудлын эгнээ	옷 맡기는 곳 хувцас өлгүүлэх газар
맨 꼭대기 좌석 хамгийн дээд талын суудал	
포스터 зар	스타 од

와이드 스크린 өргөн дэлгэц	
보조 접이의자 эвхэгддэг нэмэлт суудал	
남배우(여배우) эрэгтэй/эмэгтэй жүжигчин	
좌석예약 суудал захиалах	오페라 안경 дуурийн дуран
연출가, 영화감독 кино найруулагч	주연 гол дүр
조연 туслах дүр	필름 кино
무대장치 тайзны засал чимэглэл	의상 хувцас, өмсгөл
막간 завсарлага	상영 үзүүлэх, гаргах
영화 애호가 кинонд дуртай хүн	휴관일 тоглолтгүй өдөр
매표소 билетийн касс	휴관하다 амрах, тоглолтгүй
리허설 жүжгийн бэлтгэл	더빙 дуу оруулах
몽골어 더빙 монголоор дуу оруулах	
자막이 있는 원어 판 оригинал дуу, хадмал орчуулгатай	

I. 다음 몽골어를 우리말로 말해 보세요.

(1) гэрэлтүүлэг   _______________________

(2) талбай   _______________________

(3) кино   _______________________

(4) үзэгчид   _______________________

(5) хувцасны өлгүүр   _______________________

(6) зогсоо суудал   _______________________

(7) тайз   _______________________

(8) тоглолт   _______________________

(9) тоглолтгүй өдөр   _______________________

(10) жүжгийн бэлтгэл   _______________________

II. 다음 낱말을 몽골어로 말해 보세요.

(1) 막   _______________________

(2) 지휘자   _______________________

(3) 전시회   _______________________

(4) 스타   _______________________

(5) 주연   _______________________

(6) 필름   _______________________

(7) 의상   _______________________

(8) 영화 애호가   _______________________

(9) 더빙   _______________________

(10) 자막있는 원어판   _______________________

44 책 (Ном)

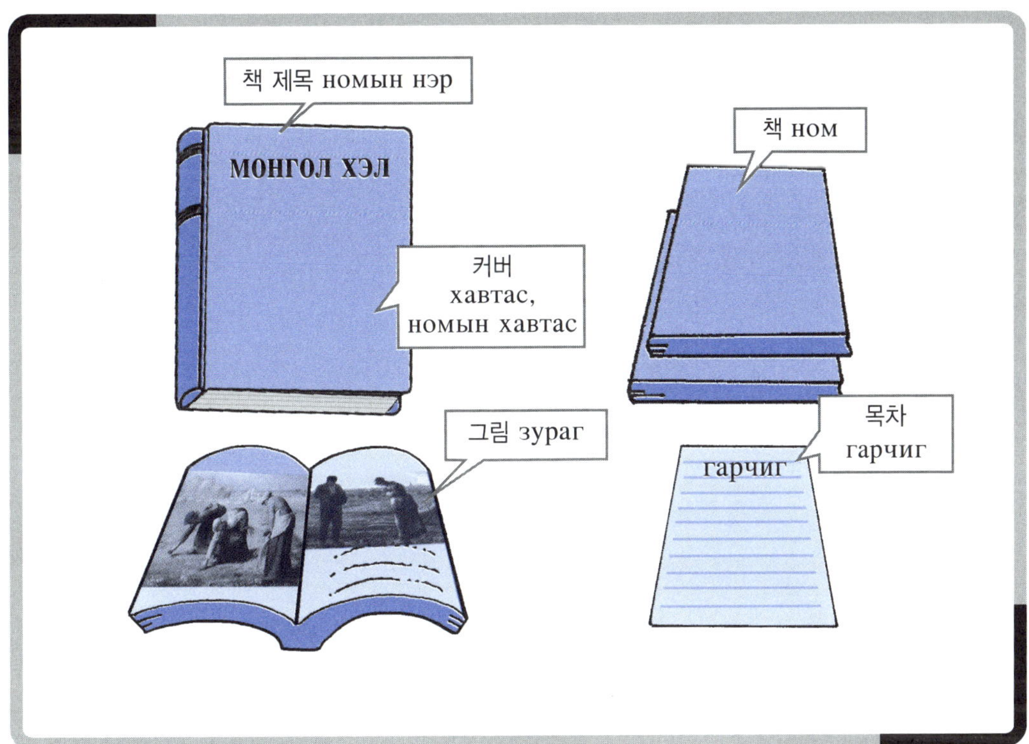

페이지 хуудас	(저서의) 헌사 зориулах, дурсгах
(책의) 장 бүлэг	관보 албан ёсны мэдээллийн хуудас
종잇장 мэдүүлэг, төрийн мэдээлэл	일간지 өдөр тутмын сонин
정기 간행물 сэтгүүл	주간지 долоо хоног тутмын сэтгүүл
월간지 сар тутмын сэтгүүл	책의 낱장 표지 хамгаалах хавтас
목차 гарчиг	어린이 잡지 хүүхдийн сэтгүүл
잡지 сэтгүүл, хэвлэл	
잡지를 정기 구독하다 сонин сэтгүүл захиалах	
중고 책 수집가 хуучны, ховор ном цуглуулагч	

요리책 хоолны ном	역사책 түүхийн ном
에세이 зохион бичлэг, эссе	관광가이드 аяны хөтөч, тайлбар ном
위인전 намтар түүх	자서전 өөрийн намтар
시집 шүлгийн түүвэр	사전 толь бичиг
소설 роман	단편소설 өгүүллэг
공상과학소설 зөгнөлт роман	대하소설 тууль
동화 үлгэр	만화책 зурагтай, үлгэрийн ном
장정본 хатуу хавтас	절판본 хүсэн хүлээсэн ном
탐정소설 гэмт хэргийн тухай өгүүлсэн роман	
서점 номын худалдаа, номын дэлгүүр	
고서점, 헌책방 хуучин номын худалдаа	
도서관 номын сан	

I. 다음 몽골어를 우리말로 말해 보세요.

    (1) хавтас   _______________________

    (2) хуудас   _______________________

    (3) зориулах, дурсгах   _______________________

    (4) өдөр тутмын сонин   _______________________

    (5) хоолны ном   _______________________

    (6) шүлгийн түүвэр   _______________________

    (7) үлгэр   _______________________

    (8) номын худалдаа, дэлгүүр   _______________________

    (9) номын сан   _______________________

    (10) хуучин номын худалдаа   _______________________

II. 다음 낱말을 몽골어로 말해 보세요.

    (1) 책 제목   _______________________

    (2) 목차   _______________________

    (3) 주간지   _______________________

    (4) 잡지   _______________________

    (5) 고본장수   _______________________

    (6) 자서전   _______________________

    (7) 대하소설   _______________________

    (8) 만화책   _______________________

    (9) 관광가이드   _______________________

    (10) 단편소설   _______________________

45 식사 (Хоол)

өглөөний цай – **өдрийн хоол** – **үдийн цай** – **оройн хоол**
(아침식사) (점심식사) (간식) (저녁식사)

хоолны өмнөх хөнгөн зууш – **шөл** – **гол, үндсэн хоол**
(전채요리) (수프) (주 요리)

– **хачир** – **бяслаг** – **амттан, десерт**
(곁들인 요리) (치즈) (후식)

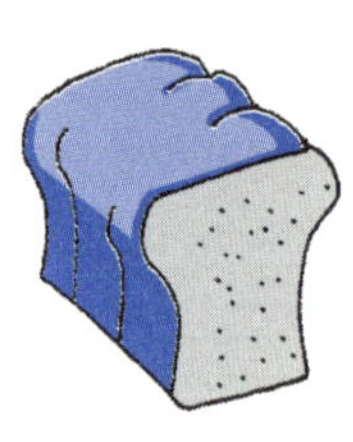

빵
талх

하드롤
жижиг талх

크루아상
дотроо кремтэй
саран боов

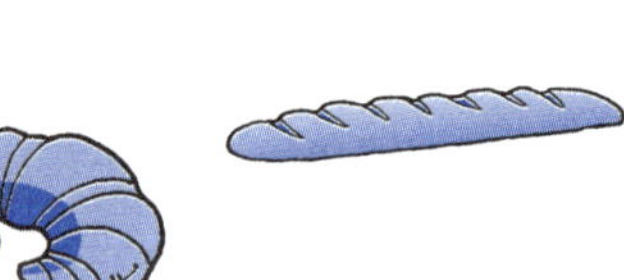

바게트
урт талх, багет

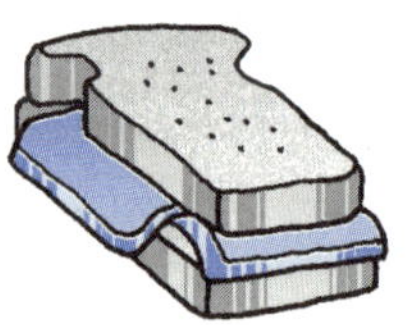

토스트
шарсан талх

와플
үйрдэг талх,
боов

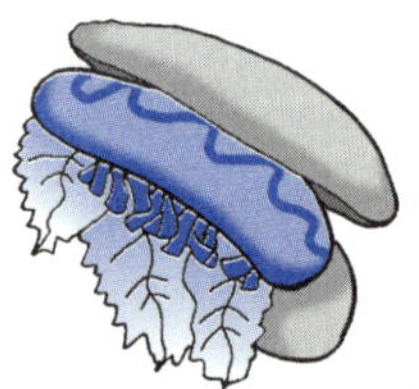

핫도그
хотдог

햄버거
гамбургер

팬케이크	삶은 달걀	오믈렛	감자 샐러드
бин	чанасан өндөг	өндөгтэй хучмал	төмсний салат

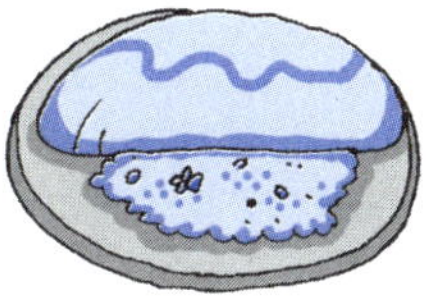

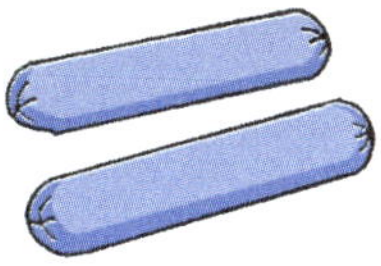

소시지	소고기 구이	돼지고기 구이	슈니첼
хиам	үхрийн шарсан мах	гахайн шарсан мах	шницел

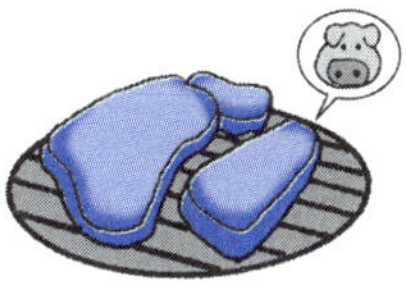

굴라시	피자	야채샐러드	크박
гуляш	пицца	ногоон салат	аарц

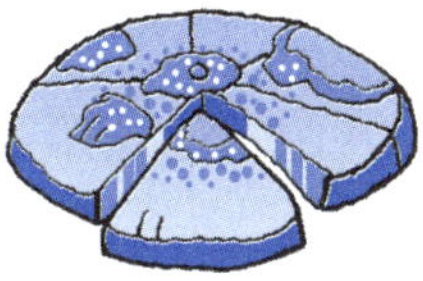

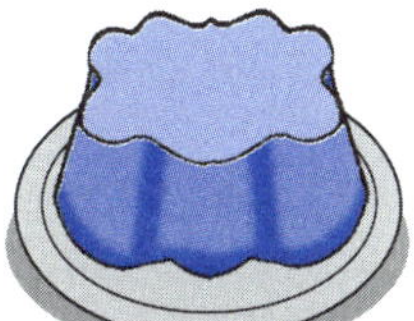

푸딩	완두콩 수프	케이크	아이스크림
цэлцэгнүүр	вандуйтай шөл	бялуу	зайрмаг

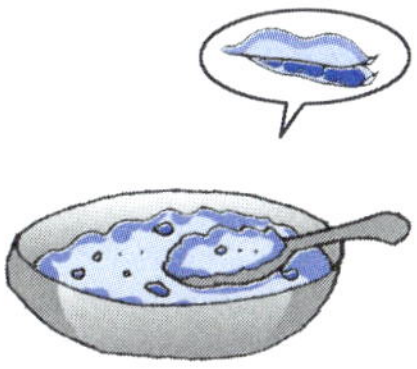

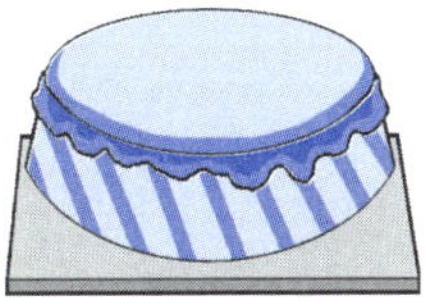

포도주 (дарс)와 샴페인 (оргилуун дарс)

적포도주 улаан дарс	백포도주 цагаан дарс
로즈와인 розвайн	샴페인 шампанск/оргилуун дарс

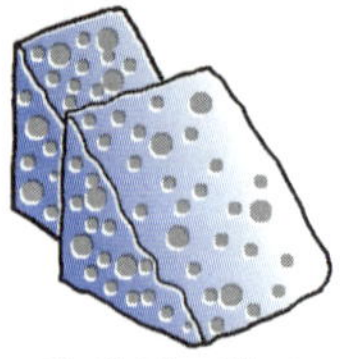
딱딱한 치즈
хатуу бяслаг

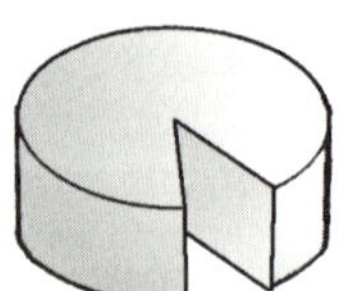
부드러운 치즈
зөөлөн бяслаг

크림치즈
түрхдэг бяслаг

양 치즈
хонины сүүний
бяслаг

염소 치즈
ямааны сүүний
бяслаг

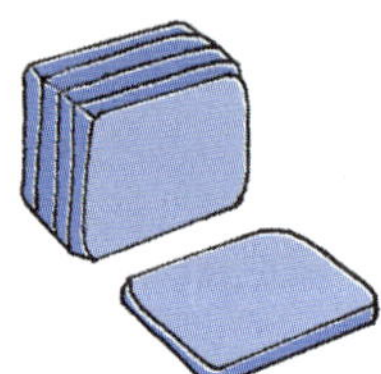
슬라이스 치즈
зүсмэл бяслаг

슈패츨레
шпайцле

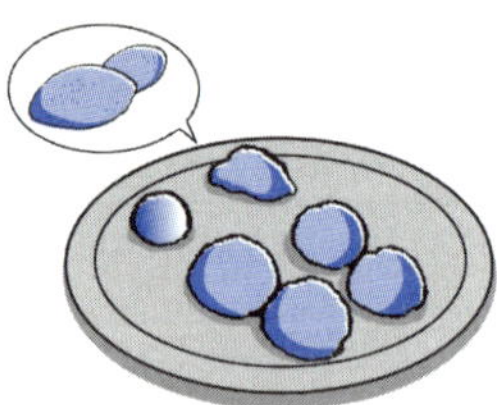
크뇌델
кнойдел

슈바인스학세
гахайн махан
хуурга

정어리 샐러드
май загастай салат

자우어크라우트
дарсан байцаа

마울탓셰
бууз, банш, хуушуур

중국요리 хятад хоол	한국요리 солонгос хоол	프랑스요리 франц хоол
일본요리 япон хоол	이탈리아요리 итали хоол	인도요리 энэтхэг хоол
일품요리 онцгой хоол, нэрийн хоол		세트메뉴 багц хоол, сет
오늘의 요리 өдрийн гол хоол		쇠고기 үхрийн мах
생선 загас	돼지고기 гахайн мах	빵 талх
양고기 хонины мах	치즈 бяслаг	닭고기 тахиан мах
파이 паштет, пирог, бялуу		해물요리 далайн амьтад
밥 цагаан будаа	고기 мах	만두 бууз, банш
샐러드 салат	스프 шөл	정어리 май загас

I. 다음 몽골어를 우리말로 말해 보세요.

    (1) өглөөний цай   ___________________

    (2) үндсэн хоол   ___________________

    (3) хачир   ___________________

    (4) ногоон салат   ___________________

    (5) бялуу   ___________________

    (6) оргилуун дарс   ___________________

    (7) түрхдэг, нялцгай бяслаг   ___________________

    (8) үхрийн мах   ___________________

    (9) гахайн мах   ___________________

    (10) вандуйтай шөл   ___________________

II. 다음 낱말을 몽골어로 말해 보세요.

    (1) 간식 _______________   (2) 전채요리 _____________

    (3) 토스트 _______________   (4) 빵 _____________

    (5) 소시지 _______________   (6) 아이스크림 _____________

    (7) 치즈 _______________   (8) 오늘의 요리 _____________

    (9) 해물요리 _______________   (10) 정어리 _____________

레스토랑 (Хоолны газар)

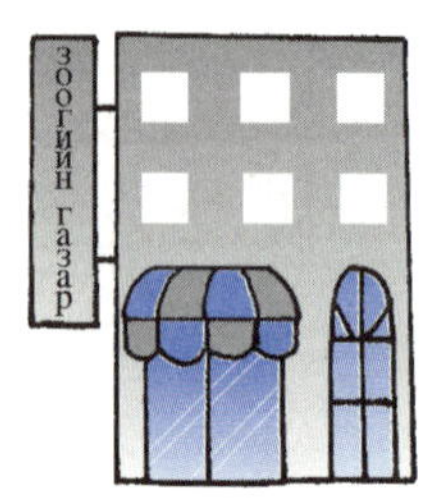

레스토랑
зоогийн газар

술집, 펍
пивоны газар

간이식당
түргэн хоолны газар

카페
кафе

찻집
цайны газар

바
баар

주점
уушийн газар

담배 가게
тамхины мухлаг

학생식당
оюутны гуанз

패스트푸드점
түргэн хоолны газар

 ## 맥주 종류 〈шар айраг, пивоны төрөл〉

웨이터 үйлчлэгч, зөөгч 부를 때: Зөөгч өө!

테라스 задгай талбай, тагт	메뉴판 хоолны цэс
정식 цэс	오늘의 정식 өдрийн онцгой меню
요리사 тогооч	주방장 ахлах тогооч
미식가 хоол сайн мэддэг хүн, хоолны мэргэжилтэн	
포도주 감별사 дарсны мэргэжилтэн	

 ## 스테이크를 어떻게 요리해 드릴까요? 〈Стэйкээ та яаж болгуулах вэ?〉

익히지 않은 шүүрхий	중간 정도 익힌 дөнгөж болгох
아주 잘 익힌 сайн болгох	

 ## 따뜻한 음료 〈Халуун ундаа〉

차 цай	허브티 жимстэй цай
커피 кофе	밀크커피 сүүтэй кофе
블랙커피 хар кофе	크림커피 цөцгийтэй кофе
에스프레소 эспрессо	코코아 халуун шоколад

 ## 차가운 음료 〈Хүйтэн ундаа〉

물 ус	과일 주스 жимсний шүүс
소다수 хийжүүлсэн ус	콜라 кола
아이스커피 мөстэй кофе	우유 сүү
레몬에이드 нимбэгний ундаа	레몬주스 нимбэгийн шүүс

식기세트 хоолоор үйлчлэх	재떨이 үнсний сав
포크 сэрээ	접시 таваг
유리잔 шилэн аяга/стакан	소금 давс
컵 аяга, хундага	후추 хар чинжүү, перец
숟가락 халбага	차 숟가락 цайны халбага
칼 хутга	설탕 сахар
냅킨 амны алчуур, салфетка	식탁보 ширээний бүтээлэг
젓가락 савх	계산서 тооцооны хуудас/билл
팁 цайны мөнгө	카드로 картаар
현금으로 бэлэн мөнгөөр	

- Энэ бол дээд зэрэглэлийн/хямдхан ресторан.
  (이곳은 고급[저렴한] 식당이다.)

- Бид ... нэр дээр ширээ захиалсан.
  (우리는 ... 라는 이름으로 예약을 했습니다.)

- Булангийн/цонхны хажуугийн ширээ байна уу?
  (우리에게 구석자리/창가자리를 줄 수 있나요?)

- Та ямар зууш авах вэ?
  (어떤 전채요리를 원하시나요?)

- Хоолны цэсээ өгөхгүй юу!
  (메뉴판 좀 주세요.)

- Би эхлээд шөл авъя.
  (우선 수프를 주문하고 싶습니다.)

- Сайхан хооллоорой!
  (맛있게 드세요!)

- Махаа яаж болгуулах вэ?
  (고기를 어떻게 원하시나요?)

- Сайн болгочих, баярлалаа.
  (저는 잘 익혀주세요.)

I. 다음 몽골어를 우리말로 말해 보세요.

    (1) уушийн газар   ________________________

    (2) оюутны гуанз   ________________________

    (3) үйлчилгээ   ________________________

    (4) хоолны мэргэжилтэн   ________________________

    (5) сүүтэй кофе   ________________________

    (6) сэрээ   ________________________

    (7) халбага   ________________________

    (8) таваг   ________________________

    (9) тооцоо   ________________________

    (10) цайны мөнгө   ________________________

II. 다음 낱말을 몽골어로 말해 보세요.

    (1) 맥주집   ________________________

    (2) 패스트푸드점   ________________________

    (3) 정식   ________________________

    (4) 주방장   ________________________

    (5) 중간정도 익힌   ________________________

    (6) 블랙커피   ________________________

    (7) 과일주스   ________________________

    (8) 레몬에이드   ________________________

    (9) 재떨이   ________________________

    (10) 후추   ________________________

가게 (Дэлгүүр)

백화점
их дэлгүүр

벼룩시장
хуучин эд зүйлсийн зах

슈퍼마켓
супермаркет

치즈가게
бяслагны мухлаг

식료품가게
хүнсний дэлгүүр

정육점
махны дэлгүүр

완구점
тоглоомын дэлгүүр

신발가게
гутлын дэлгүүр

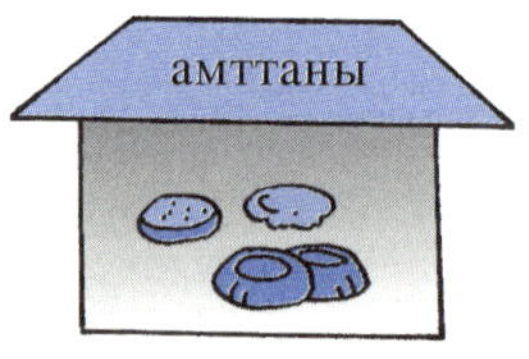

제과점
амттаны дэлгүүр

빵집 талх,
нарийн боовны цех

미용실 үсчин/
үсчний салон

약국
эмийн сан

세탁소
히미 цэвэрлэгээ

문방구
бичгийн хэрэгсэлийн
дэлгүүр

서점
номын дэлгүүр

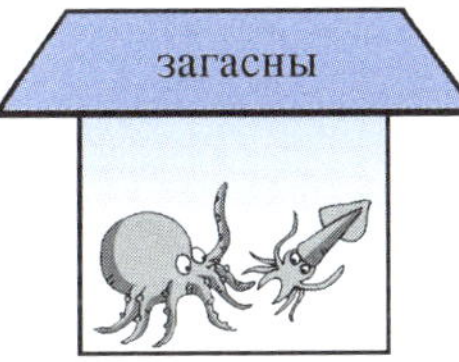

생선가게
загасны дэлгүүр

향수가게
үнэртэй усны дэлгүүр

보석가게
гоёл чимэглэлийн
зүйлсийн дэлгүүр,
үнэт эдлэлийн дэлгүүр

옷가게
хувцасны дэлгүүр

가판대
ТҮЦ, мухлаг

여행사
аяллын компани

유제품 판매점
сүү цагаан идээний дэлгүүр

세일 хямдрал	쇼핑카트 дэлгүүрийн тэрэг
계산대 касс	진열대 шилэн хорго, үзүүлэн
라벨 шошго	판매원 худалдагч
바구니 сагс	손님 үйлчлүүлэгч
선물용 포장 бэлэгний боодол	집으로 배달 гэрээр хүргэх
계산원 кассчин	

 **가격을 묻고 답하기**

- Энэ ямар үнэтэй вэ? (얼마입니까?)

- Нийлээд хэд болох вэ? (합이 모두 얼마입니까?)

- Хямдхан юм. (싸네요.)

- Үнэхээр үнэтэй байна. (너무 비싸요.)

- Боломжийн үнэтэй юм. (적당하네요.)

Ⅰ. 다음 몽골어를 우리말로 말해 보세요.

(1) хуучин эдлэлийн зах ________________________

(2) тоглоомын дэлгүүр ________________________

(3) талх, нарийн боовны цех ________________________

(4) үсчний салон ________________________

(5) ТҮЦ, дэлгүүр ________________________

(6) дэлгүүрийн тэрэг ________________________

(7) шилэн хорго, үзүүлэн ________________________

(8) гэрээр хүргэх ________________________

(9) кассчин ________________________

(10) худалдагч ________________________

Ⅱ. 다음 낱말을 몽골어로 말해 보세요.

(1) 백화점 ________________________

(2) 치즈가게 ________________________

(3) 정육점 ________________________

(4) 제과점 ________________________

(5) 약국 ________________________

(6) 세탁소 ________________________

(7) 향수가게 ________________________

(8) 여행사 ________________________

(9) 식료품가게 ________________________

(10) 라벨 ________________________

1. 인사

Ⅰ. (1) Сайн байна уу? Сонин юу байна вэ?

   (2) Юмгүй дээ, баярлалаа.

   (3) Сайхан амраарай.

   (4) Амралтын өдрөө сайхан өнгөрүүлээрэй. /
      Хагас бүтэн сайн өдрийг сайхан өнгөрүүлээрэй.

   (5) Төрсөн өдрийн баярын мэнд хүргэе!

   (6) Сайн яваарай.

Ⅱ. (1) 당신은 잘 지내십니까?

   (2) 넌 잘 지내니?

   (3) 다음에 만날 때까지 안녕!

   (4) 내일 보자, 안녕.

   (5) (재채기 하는 사람에게 해주는 말)

2. 소개

Ⅰ. (уулзсандаа баяртай байна.)

Ⅱ. (1) Энэ миний найз Хашаа

   (2) Танилцсандаа таатай байна

   (3) Би ч бас танилцсандаа таатай байна

   (4) Өөрийгөө танилцуулъя.

   (5) Би Солонгосоос ирсэн бөгөөд монгол хэл сурдаг.

3. 이름과 주소 묻고 답하기

Ⅰ. (1) гэдэг / гэдэг

   (2) амьдардаг

   (3) хаана байдаг

   (4) хэн / Миний

4. 국가 국적 언어

Ⅰ. (1) Таны нэрийг хэн гэдэг вэ?

   (2) Би Солонгос улсын иргэн.

   (3) Та хаана амьдардаг вэ?

Ⅱ. (1) ① Португаль   (2) ① Гаити   (3) ③ Мексик

   (4) ③ Бразил   (5) ① Энэтхэг

Ⅲ. (1) Би солонгос хүн.　　　(2) Би солонгост амьдардаг.

(3) Би монголоор ярьдаг.　　(4) Тэр солонгос гаралтай америк хүн.

(5) Тэр монгол хэлний багш.

5. 직업

Ⅰ. (1) ② эмнэлэгт　　　(2) ② онгоцонд　　　(3) ② тариалангийн талбайд

Ⅱ. (1) жолооч　　　(2) багш　　　(3) цэцэг худалдагч

(4) сувилагч　　　(5) хувийп компанийн ажилтан

Ⅲ. (1) Та ямар мэргэжилтэй вэ? / Та юу хийдэг вэ?

(2) Би банкны ажилтан.

(3) Би хувийн компанийн ажилтан.

(4) Би мэс заслын эмч.

(5) Би оюутан.

6. 신체와 건강

Ⅰ. (1) ① тань өвдөж байна вэ　　　② Толгой минь

③ Хэл　　　④ халуурч

⑤ Миний хоолой өвдөж байна.　　　⑥ жирэмсэн

(2) ① ханиад　　　② халуурч байвал

7. 날씨

Ⅰ. (1) Бороо орж　　　(2) бороо / нартай байна

(3) Цас / халтиргаатай байна

8. 의복

Ⅰ. (1) өмд　　　(2) банзал / юбка　　　(3) даашинз

(4) эрэгтэй хослол　　　(5) 2 хослол

Ⅱ. (1) Чи өнөөдөр юу өмсөх гэж байна вэ?

(2) Энд халуун байна. Гадуур хувцсаа тайлна уу.

(3) Дулаан хувцаслаарай. Гадаа хүйтэн байна.

(4) Энэ цамц надад дэндүү томдож байна.

(5) Энэ өмд дэндүү уртдаж байна.

9. 속옷 · 소품들

Ⅰ. (1) дугуй бүрх малгай　　(2) цэгтэй　　　(3) хормогч

(4) Тэр зангиа   (5) ороолт

Ⅱ. (1) 수건 – 손수건   (2) 스카프 – 목도리

(3) 야구 모자 – 눌러쓰는 모자   (4) 밀짚모자 – 중산모

10. 신발·보석

Ⅰ. (1) биеийн тамирын гутал, пүүз   (2) сандаал

(3) бээлий   (4) үүргэвч   (5) чемодан, аяны цүнх

(6) бөгж   (7) нүдний шилний хүрээ

(8) өсгий   (9) сэрүүлэг   (10) нарны шил

Ⅱ. (1) Тэр эмэгтэй цамц өмсч байна.

(2) Би оймсоо өмсч байна.

(3) Тэр нарны шил зүүж байна.

(4) Би зангиа зүүж байна.

(5) Үүнээс нэг размер жижиг бий юу?

11. 거주지·집

Ⅰ. (1) цонх   (2) дээвэр   (3) шат   (4) хонгил

(5) харанхуй өрөө   (6) зуслангийн байшин

(7) жижүүр, харуул   (8) оюутны дотуур байр

(9) хэрэглээний зардал   (10) гэрээ

Ⅱ. (1) Та хаана амьдардаг вэ?

(2) Би автобусны буудлаас таван минут алхах газар амьдардаг.

(3) Би таван давхарт амьдардаг.

(4) Та сар бүрийн 1-нд түрээсээ төлөх ёстой.

(5) Галт тэрэгний буудлаас танайх хүрэхэд хэр удаан явах вэ?

12. 방/거실

Ⅰ. (1) гэрэл   (2) босоо гэрэл   (3) ханын шүүгээ

(4) нарийн ор/нэг хүний ор   (5) хувцасны өлгүүр

(6) хөшиг   (7) дэр   (8) орны бүтээлэг   (9) толь

(10) агааржуулагч /эйр кондишн

13. 학교

Ⅰ. (1) хайч   (2) тосон бал   (3) баллуур   (4) тэмдэглэлийн дэвтэр

(5) үзэгний сав   (6) дардаг харандаа   (7) харандаа үзүүрлэгч

(8) кноп　　(9) тооны машин　　　　　(10) цавуу

Ⅱ. (1) Та орно уу.　　　　(2) Та сонсоно уу.

(3) Та дагаж хэлнэ үү.　　(4) Би ойлгохгүй байна.

(5) Надад асуух юм байна.　(6) Би тоондоо сайн.

(7) Би шалгалтанд тэнцсэн.

14. 학교체제

Ⅰ. (1) хүүхдийн цэцэрлэг　　(2) бага сургууль

(3) бүрэн дунд сургууль　　(4) их, дээд сургууль

(5) сургуулийн захирал　　(6) оюутны зөвлөлийн дарга

(7) дунд сургуулийн найз　(8) түүх

(9) дүрслэх урлаг　　　　(10) мэргэжил олгох сургууль

Ⅱ. (1) Би монгол хэлний ангийн оюутан.

(2) Би Солонгосын Гадаад Судлалын Их Сургуульд монгол хэл сурдаг.

(3) Би долоо хоногт 20 цагийн хичээлтэй.

(4) Монгол хэл бол мэргэжлийн хичээл.

(5) Солонгост хүүхдүүд 6 настайдаа сургуульд ордог.

15. 은행

Ⅰ. (1) данс　　(2) чек　　(3) кредит карт　　(4) шимтгэл

(5) зээлдэгч　(6) шилжүүлэх　(7) үлдэгдэл　　　(8) мөнгөн дэвсгэрт

(9) вальютын ханш　(10) мөнгө солих

Ⅱ. (1) Түр хүлээгээрэй.

(2) Данс нээлгүүлэх гэсэн юм.

(3) Энэ маягтыг бөглөөрэй.

(4) Мөнгө авах гэсэн юм

(5) Мөнгө шилжүүлэх гэсэн юм.

16. 우체국

Ⅰ. (1) илгээгч　　　　(2) захиадлын дугтуй　(3) баглаа, боодол

(4) шуудангийн хайрцаг　　(5) хүлээн авагч　　(6) ил захидал

(7) марк　　　　(8) сав, баглаа, боодол　　(9) баримт

(10) шуудангийн салбараар илгээх

Ⅱ. (1) Шуудан хаана байдаг вэ?

(2) Хаанаас захианы марк худалдаж авч болох вэ?

(3) Үүнийг хайрцагт хийж/боолгож илгээмээр байна.

(4) Энэ хайрцагтай/боодолтой илгээмжинд юу байгаа вэ?

(5) Та нэмж төлөх хэрэгтэй.

17. 운동

Ⅰ. (1) хаалгач (2) улаан хуудас

(3) үзэгч (4) дэлхийн хөл бөмбөгийн аваргын цом

(5) цохилт (6) ууланд авирах

(7) компьютерийн тоглоом тоглох

(8) хүндийн өргөлт (9) туялзуур жад

(10) тулааны урлаг

Ⅱ. (1) Спортод дуртай юу?

(2) Үгүй. Би бараг спортоор хичээллэдэггүй.

(3) Би барилдах дуртай.

(4) Би дугуй унах дуртай.

(5) Би цанаар гулгах дуртай

18. 취미

Ⅰ. (1) загасчлах (2) зураг зурах (3) ууланд авирах

(4) кино театр луу явах (5) цэцэг, ногоо тарих

(6) шатар тоглох (7) компьютерийн тоглох

(8) юм нэхэх

Ⅱ. (1) Та чөлөөт цагаараа юу хийдэг вэ?

(2) Таны хобби юу вэ?

(3) Би хөгжим сонсох дуртай.

(4) Би сэлэх дуртай.

(5) Би ууланд авирах хоббитой.

19. 부엌용품

Ⅰ. (1) тогоо (2) даралтат тогоо (3) ундааны бөглөө онгойлгогч

(4) үйсэн бөглөө, дарс онгойлгогч (5) хоол хутгадаг халбага

(6) аяга таваг угаагч шингэн (7) тосгуур (8) хөргөгч

(9) цахилгаан зуух (10) дийз, хоол зөөдөг тавиур

Ⅱ. (1) Би хоол хийх дуртай. (2) Би юу хийх вэ?

(3) Та юу идмээр байна вэ? (4) Би аяга таваг угаах дургүй.

(5) Би бялуу хийе.

20. 집안용품/개인용품

I. (1) индүү　　　(2) тоос сорогч　　　(3) гал/асаагуур

(4) сэрүүлэг　　　(5) гэрлийн унтраалга　　　(6) сүлбээр зүү

(7) түлхүүр　　　(8) хогийн шүүр　　　(9) толь

(10) товч

II. (1) Танд гал байна уу?

(2) Би сэрүүлгээ долоон цагт тавьсан.

(3) Миний түлхүүр хаана байна вэ?

(4) Тэр толинд байнга хардаг.

(5) Та надад индүү авчирч өгөөч.

21. 욕실

I. (1) саван　　　(2) шүдний сойз　　　(3) сахлын хутга

(4) шампунь/үсний шингэн саван　　　(5) жинлүүр

(6) ванн　　　(7) нойлийн цаас　　　(8) ангижруулагч

(9) хувцасны хавчаар　　　(10) хувцас хатаагч

II. (1) Би өглөө бүр сахлаа хусдаг.

(2) Би ванны өрөөнд нүүр гараа угаадаг.

(3) Тэр толины өмнө нүүрээ будаж байна.

(4) Би өдөр бүр шүршүүрт ордог.

(5) Би өдөр болгон усанд ордог.

22. 자동차/전철/자전거

I. (1) шил арчигч　　　(2) урд хамар　　　(3) руль, жолоо

(4) конс　　　(5) дохионы гэрэл　　　(6) арын толь

(7) дугуйн руль　　　(8) гинж　　　(9) гишгүүр, педал

(10) ачааны машин

II. (1) Машин асахгүй байна.

(2) Та аюулгүйн бүсээ бүсэлнэ үү.

(3) Энд зогсоно уу.

(4) Энэ автобус хотын захиргаа ордог уу?

(5) Та моторын тосоо шалгана уу.

23. 기차/버스/비행기

Ⅰ. (1) статчер
(2) хурдны галт тэрэг (ICE)
(3) онгоцны буудал
(4) купей
(5) хоолны вагон
(6) гарц
(7) анхны тусламж
(8) нэвтрэх хуудас
(9) гааль/хил
(10) цагийн зөрүү

Ⅱ. (1) Берлиний автобус хаанаас явдаг вэ?

(2) Намайг энд буулгана уу.

(3) Би Хамбургийн нислэгийн суудал захиалмаар байна.

(4) Онгоц хэдэн цагаас нисэх вэ?

(5) Хэдэн цаг нисэх вэ?

24. 휴가/여행

Ⅰ. (1) үүл
(2) алс хязгаар
(3) хөвдөг цагираг
(4) далайн эрэг
(5) үүргэвч
(6) далай тэнгис
(7) шумбагч
(8) аяны хөнжил
(9) метроны замын зураг
(10) нарны тос

Ⅱ. (1) Би долоо хоногийн дараа амралтанд явна.

(2) Хэрэв Монголд гурван сараас удаан хугацаатай байх бол виз авах хэрэгтэй.

(3) Би өнөө орой ачаагаа баглана.

(4) Би амралтаа гадаадад өнгөрүүлнэ.

(5) Өвөл би цанаар гулгахаар ууланд гардаг.

25. 호텔

Ⅰ. (1) өрөө захиалах
(2) ачаа тээш
(3) зочид буудлын ажилтан, үйлчлэгч
(4) жижүүр
(5) ослын гарц
(6) чек-аут, буудлаас гарах
(7) сэрээх үйлчилгээ
(8) халаалт
(9) өрөөний үйлчилгээ
(10) хоёр ортой өрөө

Ⅱ. (1) Сул өрөө бий юу?

(2) Би өрөө захиалсан юм.

(3) Энэ өрөө хоногт ямар үнэтэй вэ?

(4) Би өрөөгөө солиулмаар байна.

(5) Ресторан нь хэдээс онгойдог вэ?

26. 컴퓨터/정보처리

Ⅰ. (1) чихэвч (2) принтер, хэвлэгч (3) гар (4) скайнер

(5) мэдээллийн самбар (6) сервер, сүлжээ (7) и-мэйл хаяг

(8) интернэтээр хэсэх (9) вирусны эсрэг программ

(10) ташуу зураас/слайш

Ⅱ. (1) Энд интернэт бий юу?

(2) Таны и-мэйл хаяг юу вэ?

(3) Би энэ файлыг найдвартай хадгалмаар байна.

(4) Компьютер эвдэрчихсэн.

(5) Би энэ программ дээр ажиллаж мэдэхгүй байна. Заагаад өгөөч.

27. 전화

Ⅰ. (1) харилцуур (2) гар утас (3) утасны/ярианы карт

(4) дуудлагын ая/хөгжим (5) түргэн тусламж

(6) гэрийн утас (7) орон нутгийн код

(8) автомат хариулагч (9) алсын дуудлага

(10) мэдээ, хэлэх зүйл

Ⅱ. (1) Би ноён Кимтэй яримаар байна.

(2) Сонсож байна, би байна.

(3) Та арай удаан ярихгүй юу?

(4) Би нэг зүйл хэлж үлдээж болох уу?

(5) Би дараа дахин залгая. Баяртай!

28. 감정(1)

Ⅰ. (1) баяр баясал (2) уйтгар гуниг (3) уур хилэн

(4) аз жаргал (5) азгүйтэл

Ⅱ. (1) халуун (2) гомдох, цөхрөх

(3) ууртай, уур хүрч байна. (4) ядарч байна.

(5) Сэтгэл хөдөлчихлөө. (6) Намайг тайван орхи.

(7) Бүтэн өдөржин уйлсан. (8) Яг галзуурлаа!

(9) Үхтлээ ядарлаа. (10) Чи надаар тохуурхаж байх шив!

29. 감정(2)

Ⅰ. (1) 나는 걱정이 된다.

(2) 나는 개를 무서워한다.

(3) 나는 그것을 믿을 수 없다.

(4) 참 유감입니다.

(5) 제 실수에 대해 용서를 구합니다.

Ⅱ. (1) Би айж байна.　　　　　(2) Нуруугаар хүйт даачихлаа.

(3) Сандарч байна.　　　　　(4) Тэр талаар бүү дурс!

(5) Чамайг ойлгож байна.　　(6) Санаатай ингээгүй.

(7) Надад чухал биш.

(8) Би эргэлзэж байна/ Би нэг л итгэхгүй байна.

(9) Одоо л нэг тайвширлаа.

(10) Энэ бүхэн байдаг л зүйл/ Ийм зүйл тохиолдож л байдаг.

30. 가족

Ⅰ. (1) 할아버지　　　(2) 작은/큰아버지, 삼촌, 고모부, 이모부　　　　(3) 사촌

(4) 조카　　　(5) 매형, 매부, 시아주버니　　(6) 외할머니

(7) 출생하다　　(8) 사십대 여자　　(9) 어르신(여)　　(10) 어르신(남)

Ⅱ. (1) эмээ　　　　　(2) авга/нагац эгч　　　　(3) эрэгтэй/эр нөхөр

(4) ах/эгчийн охин　　　(5) ач охин　　(6) хүргэн хүү

(7) хүүхэд залуучууд　　(8) нас　　(9) үхэл

(10) настай хүн

31. 동물

Ⅰ. (1) 숫소　(2) 말　(3) 양　(4) 돼지　(5) 토끼　(6) 상어　(7) 게　(8) 연어

(9) 고래　(10) 개구리

Ⅱ. (1) тугал　　　　　(2) эм тахиа　　　　(3) эмгэн хумс

(4) галуу　　　　　(5) хулгана　　　　(6) туна загас

(7) сармагчин　　　(8) шоргоолж　　　(9) царцаа

(10) тоть

32. 식물

Ⅰ. (1) 나무　(2) 도토리　(3) 나뭇잎　(4) 뿌리　(5) 보리수　(6) 대나무　(7) 민들레

(8) 목련　(9) 빗자루　(10) 못

Ⅱ. (1) нарс мод　　　　(2) унасан навчис　　(3) мөөг　　　　(4) үндэс

(5) туулайн бөөр　　(6) удвал цэцэг　　(7) багаж хэрэгсэл

(8) алх　　　　　(9) автирк　　　　(10) хайч

33. 채소

I. (1) 오이 (2) 마늘 (3) 당근 (4) 무 (5) 계피 (6) 겨자 (7) 소금
(8) 호두 (9) 파

II. (1) сонгино (2) эрдэнэ шиш (3) төмс (4) хаш, чэс
(5) бууцай (6) цагаан гаа (7) хар чинжүү
(8) элсэн чихэр (9) бүйлс

34. 과일

I. (1) 딸기 (2) 사과 (3) 복숭아 (4) 파인애플 (5) 배 (6) 오디
(7) 자두 (8) 감 (9) 레몬 (10) 참외

II. (1) гадил (2) интоор (3) анар (4) тарвас (5) чавга
(6) бэрсүүт жүрж (7) мандарин (8) хушганы мод
(9) усан үзэм (10) инжир

35. 자연과 자연재해

I. (1) 배 (2) 자갈, 조약돌 (3) 바위 (4) 부두 (5) 바다 (6) 강
(7) 민물, 담수 (8) 동굴 (9) 평원 (10) 오솔길

II. (1) хадан хясаа (2) аврах хантааз (3) элс
(4) далайн эрэг (5) ширүүн урсгалтай ус (6) татлага, түрлэг
(7) уулын зам (8) малчны/тариачны байр (9) ойн түймэр
(10) цунами

36. 색깔 1

I. (1) 검은 (2) 빨간 (3) 하얀 (4) 초록의 (5) 파란 (6) 갈색의
(7) 밝은 빨간 (8) 짙은 파란색 (9) 오렌지색의 (10) 핑크색의

II. (1) шаргал (2) саарал (3) улаан хүрэн
(4) тод ягаан (5) улаавтар (6) шаргалдуу
(7) номин ногоон (8) нэг өнгийн, цулгуй (9) алаг
(10) нэвт харагддаггүй

37. 색깔 2

I. (1) 이것은 무슨 색입니까?
(2) 그녀의 머리카락은 검은색이다.
(3) 그녀의 눈은 파란색이다.
(4) 어젯밤 나는 완전히 취했다.

(5) 그는 화가 나서 얼굴이 빨개졌다.

Ⅱ. (1) хууль бус ажил

(2) Компани хэвийн ажиллаж байсан.

(3) Тэр хууль бусаар ажил хийдэг.

(4) Амралтын өдрөөр бид байнга зугаалдаг/салхинд гардаг.

(5) Тэр гутранги үзэлтэн. Бүхнийг хар бараанаар хардаг.

38. 성격, 특징

Ⅰ. (1) 영리한, 총명한   (2) 참을성 있는   (3) 멍청한   (4) 수다스런

(5) 완고한, 고집불통의   (6) 살찐, 뚱뚱한   (7) 마른   (8) 유연한

(9) 각진   (10) 타원형의

Ⅱ. (1) тэвчээргүй   (2) залхуу   (3) дуугай   (4) мяраатай, махлаг

(5) бөөрөнхий   (6) шовх   (7) нарийн, гоолиг

(8) хөдөлгөөнтэй   (9) хүйтэн сэтгэлтэй/муу санаатай

(10) болгоомжтой

39. 수 1

Ⅰ. (1) тоо   (2) дэс тоо   (3) арван зургаа   (4) хорин гурав

(5) зуун мянга   (6) сая   (7) долдугаар-

(8) арван нэгдүгээр-   (9) гучдугаар-   (10) зуудугаар-

Ⅱ. (1) Би гурван давхарт суудаг.

(2) Би аравдугаар сарын найманд төрсөн.

(3) Зургадугаар эгнээнд сул суудал байна.

(4) Арван нэгдүгээр сарын хорин зургаан бол хоёр Монгол улсыг тунхагласан өдөр.

(5) Энэ таны гуравдах удаагийн хоцролт.

40. 수 2

Ⅰ. (1) тэгш тоо   (2) сондгой тоо   (3) хэсэг, бутархай

(4) үндсэн үйлдлүүд   (5) хувь   (6) нэмүү өртгийн татвар

(7) татваргүй   (8) зах зээлийн үнэ   (9) нийт хэмжээ

(10) төлбөр

Ⅱ. (1) Нэг үгээр хэлэхэд: Би эсэргүүцэж байна.

(2) Тав дээр зургааг нэмээд тэнцүү арван нэг.

(3) Гурвыг таваар үржүүлээд тэнцүү арван тав.

(4) Тэр бол мулгуу./Харанхуй бүдүүлэг.

(5) Би долоо хоноод ирнэ.

41. 방향

Ⅰ. (1) дотор　　　　(2) дээгүүр　　　　(3) -ын зүүнтээ

(4) газарт　　　　(5) туулах　　　　(6) зүүн хойд зүг

(7) баруун урд зүг　　(8) өмнө　　　　(9) -ыг түшүүлсэн

(10) ард

Ⅱ. (1) Таны машин хаана байгаа вэ?

(2) Миний машин музейн ард байгаа.

(3) Шуудан хаана байдаг вэ?

(4) Та зүүн тийшээ яваарай.

(5) Таны зөв.

42. 통행

Ⅰ. (1) 인도　(2) 교통경찰　(3) 교차로, 사거리　(4) 주차요금 미터기

(5) 추월하다　(6) 통행금지　(7) 공사중　(8) 교통체증　(9) 속도제한

(10) 주차금지

Ⅱ. (1) замын гэрэл　　　(2) гэрлэн дохио　　　(3) зам

(4) машины зогсоол　　(5) замын төлбөр төлөх пост

(6) зам хөндлөн гарах　(7) гарааш　　　　(8) нэг урсгалтай зам

(9) салаа зам　　　　(10) явган хүний гарц

43. 공연과 전시

Ⅰ. (1) 조명　(2) 좌석　(3) 영화관　(4) 관객　(5) 옷 맡기는 곳

(6) 보조 접이의자　(7) 무대장치　(8) 상영　(9) 휴관일　(10) 리허설

Ⅱ. (1) хөшиг　　　　(2) удирдаач　　　　(3) үзмэр

(4) од　　　　　(5) гол дүр, жүжигчин

(6) кино　　　　(7) хувцаслалт　　　(8) кинонд дуртай хүн

(9) дуу оруулах　　(10) оригинал дуу, хадмал орчуулгатай

44. 책

Ⅰ. (1) 커버　(2) 페이지　(3) 헌사　(4) 일간지　(5) 요리책

(6) 시집　(7) 동화　(8) 서점　(9) 도서관　(10) 고서점, 헌책방

Ⅱ. (1) номын нэр　　(2) гарчиг　　　(3) долоо хоног тутмын сэтгүүл

    (4) сэтгүүл　　　　(5) ховор, хуучин номын худалдаачин

    (6) өөрийн намтар　　(7) тууль　　　(8) зурагтай, үлгэрийн ном

    (9) аяны хөтөч, тайлбар, баримттай ном

    (10) өгүүллэг

45. 식사

Ⅰ. (1) 아침식사　(2) 주요리　(3) 곁들인 요리, 반찬

    (4) 야채샐러드　(5) 케이크　(6) 샴페인　(7) 크림치즈

    (8) 소고기　(9) 돼지고기　(10) 완두콩 수프

Ⅱ. (1) үдийн цай　　　　(2) хоолны өмнөх талх, зууш

    (3) шарсан талх　　(4) талх　　　　(5) хиам

    (6) зайрмаг　　　　(7) бяслаг　　　　(8) өдрийн онцгой хоол

    (9) далайн амьтад　(10) май загас

46. 레스토랑

Ⅰ. (1) 주점　(2) 구내식당　(3) 웨이터　(4) 미식가　(5) 밀크커피　(6) 포크

    (7) 숟가락　(8) 접시　(9) 계산서　(10) 팁

Ⅱ. (1) пивоны газар　　(2) түргэн хоолны газар　　(3) хоолны цэс

    (4) ахлах тогооч　　(5) дунд зэргийн болгосон　　(6) хар кофе

    (7) жимсний шүүс　(8) ундаа　　(9) үнсний сав

    (10) перец, гич

47. 가게

Ⅰ. (1) 벼룩시장　(2) 완구점　(3) 빵집　(4) 미용실　(5) 가두판매점

    (6) 쇼핑카트　(7) 진열대　(8) 택배　(9) 계산원　(10) 판매원

Ⅱ. (1) их дэлгүүр　　　　　(2) бяслагны дэлгүүр

    (3) махны дэлгүүр　　　(4) нарийн боовны дэлгүүр

    (5) эмийн сан　　　　　(6) хими цэвэрлэгээ

    (7) үнэртний дэлгүүр　　(8) аяллын компани

    (9) хүнсний дэлгүүр　　(10) шошго